PHP
Business Shinsho

【新書版】
A4一枚勉強法
最短最速で目標達成！

Takenobu Miki
三木　雄信

PHPビジネス新書

新書版はじめに

「英語を1年以内にマスターしなければクビ！」

ある日突然、会社や上司からそう通達されたら、あなたはどうしますか？

私はまさにそんな状況に置かれたことがあります。

しかも私の上司は、あのソフトバンクグループの孫正義社長でした。


私は25歳のとき、縁あってソフトバンクに転職しました。32ページにも書きましたが、ともかく私は秘書として、孫社長のすぐそばで働くことになったわけです。

すべてのミーティングに同席し、議事録をとるのは私の役目でしたから、国内はもちろん、海外出張にも同行することになりました。

ところが私は、超がつくほどドメスティックな人間。留学の経験はなく、前職も伝統的な日本企業で、英語を使う機会は皆無でした。学生時代も受験英語しか勉強してこなかったので、英会話となると壊滅的な状態です。

私は、初めての海外出張の折、英語がまったくできないという事実を孫社長の前で無残にも露呈してしまったのでした。

孫社長から直接何かを言われたわけではありません。しかし、そのときの態度と雰囲気から、「英語で会議や交渉ができるようにならなければクビだぞ」という無言のプレッシャーをひしひしと感じ取りました。

こうして、英語の勉強は私にとって急務となったのです。


とはいえ、当時の私は、孫社長のもとで日本債券信用銀行（現・あおぞら銀行）の買収やナスダック・ジャパン（現・新ジャスダック）の立ち上げといったいくつもの大型プロジェクトを抱えて多忙な時期でした。

ゆっくり英語を勉強する時間など、まったくありません。

それでも私は、わずか1年間の学習で、英語をマスターすることができました。

単に意思の疎通ができるというだけでなく、外国人と通訳なしで交渉し、絶対に負けないレベルの英語を身につけることができたのです。

それは、なぜか。

私が実践した学習の秘訣を一言で表すなら、「勉強の目的＝ゴール」を明確化し、自分にとって本当に必要な学習に集中すること。

逆にいえば、目的を達成するために必要のない学習は徹底的に捨てる、すなわちムダな学習は一切やらないということです。

こちらも詳しくは、本書の第3章や拙著『【新書版】海外経験ゼロでも仕事が忙しくても「英語は1年」でマスターできる』（PHPビジネス新書）に書きましたので、ぜひお読みいただければと思います。

目標から逆算して、やるべきことを徹底的に絞り込む

断っておきますが、私は天才ではありません。

本書の「おわりに」に書いたように、IQを調べたら予想以上に低くて、自分でもがっかりしたほどです。

「そうはいっても、三木さんは東大出身でしょ。なんだかんだいっても、頭の出来がちが

うんじゃないの」

こう考える人もいるかもしれません。

私はたしかに東大に現役で合格しましたが、大学受験で合格したのは東大だけです。偏差値がずっと低い滑り止めの大学も含めて、他は全部落ちました。高校時代は学校の授業さえろくに聞いていなかったのだから、それも当然です。

しかも、受験勉強を本格的に始めたのは高校3年になってからでした。

それでも短期間で東大に現役合格できたのは、東大の過去問を徹底的に研究し、「目的＝東大合格」につながる勉強だけに集中したからです。

この〝超目的思考〟とでもいうべき勉強法の効果を体感したことが、社会人になってからの英語学習にも大いに活かされたわけです。

目標から逆算してやるべきことを絞り込み、最短最速でゴールに到達する――。

この勉強法は、ポイントさえ摑めば、誰にでも実践できます。

私は『「英語は1年」でマスターできる』の単行本出版後、実際に英語を1年でマスターするための個人向け完全サポートプログラム『TORAIZ』（トライズ）をスタートさせました。

2015年の開始以降、すでに1000人以上が受講していますが、本当に1年で英語をマスターし、自分の夢や目標を実現する人が続出しています。受講生には高卒の方もいますし、50代の方もいます。

結果を出すのに、学歴や年齢は関係ありません。

これが「誰もが実践できる勉強法」であることの、何よりの証左でしょう。

社会人の勉強には、臨機応変な「最適化」が求められる

本書は、2008年に出版した『効率よく夢をかなえる A4一枚勉強法』(日本実業出版社)を、現在の経済・社会状況などに合わせて全面的に改訂し、新書化したものです。

資格試験の合否や知識の不足、スキルが思うように向上しないことへのあせり……。

そんな漠然とした不安に振り回されている人が、あまりにも多すぎるのではないか――。当時そう感じたのが、私がこの本を書こうと決めたきっかけでした。

発刊からはや10年近くたち、スマートフォンが普及するなど、社会状況は大きく変わりましたが、同じような不安や悩みを抱えている人はむしろ増えているように思います。

勉強して資格や知識を身につけたり、自分自身を磨くことは、とても素晴らしいことです。しかし、こうした目先の勉強や試験ばかりに気をとられて、本来の目的であるはずの仕事へのフィードバックやビジネスでの成功をおろそかにしてしまう人も多いのではないでしょうか。

勉強は人生で成功し幸せになるための手段にすぎませんが、仕事との両立に悩む日々が続くと、ときにそれを忘れてしまい、本来の目標を見失ってしまいがちです。


私はこれまで、数多くのプロジェクトを手掛ける機会に恵まれました。

その間、激務の合間を縫って資格を取得するなど、人知れず勉強を重ねて、その都度必要な知識も身につけてきました。

その過程で痛感したのは、常に最新の情報収集が求められるビジネスパーソンは、そのときの目的に応じて、勉強法も臨機応変に変えていく必要があるということです。

本物の教養を養わなければならないこともあれば、翌日のプレゼンを成功させるためだけに一夜漬けで十分ということもあります。

勉強する目的は、人によって、またそのときの状況によってもまったくちがいます。本物の知識や実力が必要なときと、その場を乗り切るためだけの一夜漬けが同じ勉強法でいいはずがありません。

社会人の勉強は、仕事や休養の時間というコストをかけて取り組むものであり、タダではありません。だからこそ、目的に応じてそのつど勉強を最適化し、できるだけ短い時間で効率よく学習を進めていかなければならないのです。

A4シートを埋めていくだけで、自分に最適な勉強法が見つかる

この本は、こうした忙しいビジネスパーソンのために、それぞれの目的に応じた勉強法を紹介しています。

限られた時間で効率的に学習する方法に加え、目指す資格試験に合格するための最短ル

ートを探す方法や、その資格をとることが本当に必要なのか、ひいては本当に食べていけるのかを検証する方法までわかるようになっています。

本書の内容は、資格試験にとどまらず、仕事に必要な情報収集、語学の習得など、あらゆる種類の勉強に応用できます。英会話が苦手な人のために、英語力アップのための章も設けました。

これらの方法はすべて、A４一枚の紙があればすぐに実践できます。

そして本書に登場するすべてのシートは、フォーマットをダウンロードできるようになっています。メモ程度の感覚で始められますので、いますぐ実践してみてください。

40枚のA４シートを埋めていくだけで、「自分にとって最適な学び方＝最短最速でゴールに到達するための勉強法」がおのずと見えてくるはずです。

２０１７年12月

三木雄信

購読者限定

A4シートダウンロード特典について

本書に掲載した全40枚のA4シートは、下記URLから無料でダウンロードすることができます。

本シートをうまく活用することで、学習効率が格段にアップします。

テンプレートファイル自体は、PDFファイルとして用意いたしましたので、印刷して、手書きで必要な部分に書き込むことでご利用いただけます。

https://www.php.co.jp/news/bookdl/a4sheet.pdf

<ご注意>

※保存･印刷方法の詳細については、お使いになる端末のマニュアルでご確認ください。

※ダウンロードされたPDFは、個人的使用の範囲に限らせていただきます。また、再配布はご遠慮ください。

※諸般の事情により、予告なしにダウンロードを終了させていただく場合がございます。

※本特典であるA4シートを使用したことで生じたいかなる問題に関しても、弊社および著者は一切の責任を負いかねますので、なにとぞご容赦願います。

【新書版】
A4一枚勉強法
最短最速で目標達成!

Contents

プロローグ

「A4一枚」が最短最速で夢をかなえる

第1章

「A4一枚」で勉強計画を立てる

第2章

「A4一枚」で効率よく勉強する

第3章

「A4一枚」で英語をマスターする

第4章

「A4一枚」で最適な勉強環境をつくる

第5章

「A4一枚」で効率よく情報を収集する

正しい検索キーワードシート

プロローグ

「A4一枚」が
最短最速で
夢をかなえる

なぜ、「A4一枚」なのか？

忙しい社会人の勉強は、常に最短ルートをとる必要があります。勉強といっても資格試験、語学、プレゼンや企画に必要な知識の収集など、その内容は千差万別です。

この本では40枚のA4シートを使って勉強を最適化し、効率的に進める方法を紹介しています。これらのシートを活用することで効率がグンとアップし、目標に近づくことができるようになっています。

それではなぜ、A4一枚で効率的な勉強ができるのでしょうか。これには5つの理由があります。

①脳へのインプットに最適なサイズ

人間の視野にはさまざまなものが見えていますが、実際に文字や色まできちんと認識できる視野となると、それほど広くはありません。

頭を少し動かせば無理なく文字などの内容を認識できる「注視安定視野」の大きさは、

上下が232ミリ、左右が323ミリです。これはA4サイズの210ミリ×297ミリとほぼ一致しています。A4の大きさは、人間の脳に情報を一目でインプットする最も効率的なサイズといえます。

②比較しやすいサイズ

本書ではA4シートを使って勉強するだけでなく、時間の使い方や勉強の進め方などの計画を立てたり、進路を決定したりもします。その際、複数の要素を比較したり、掛け合わせたりしながら決めていくので、比較する要素が多すぎると十分な検討ができません。

しかし、A4一枚以内におさまる程度のボリュームであれば、その範囲内でさまざまな可能性を想定することができ、適切な意思決定にもつながるのです。

③定型化して使いやすいサイズ

A4は、私たちの生活やビジネスの中で最も多く使われている紙の規格で、国際標準でもあります。どこでも入手できる使い慣れた紙だからこそ、思いついたときにいつでもシートをつくり、参照することができます。

④一夜漬けなど付け焼刃の勉強にぴったりな量

学生だけでなく、社会人になっても、一夜漬けで勉強しなければいけない機会はたくさんあります。一夜漬けというと、前もって勉強しなかった報いであるかのように思われがちですが、忙しいビジネスパーソンにとっては、前日だけの勉強で済むならそれに越したことはありません。そんなときもA４一枚程度のボリュームなら十分対応できるうえ、無理なく覚えたり参照したりできるのです。

⑤すぐに実践できる

勉強法や自己啓発の本はたくさん出ていますが、読んだだけで納得して終わってしまったという経験をもつ人は多いのではないでしょうか。せっかくのノウハウも、実践しなければ意味がありません。

A４一枚の勉強法は、早いものならほんの数分で完成できます。40枚あるシートの中から、自分にできるものや必要なシートを選び、その場で実践することができるのです。

勉強と仕事は、常にリンクしている

ビジネスパーソンには時間がありません。知識や資格はたくさんもっているに越したことはありませんが、「もしかしたら役に立つかも」などというあいまいな理由で勉強をする余裕はありませんし、そんな資格ほど役に立たないものです。

だからこそ、**目的と意思を明確にし、それを達成するために必要な最低限の勉強に絞り込んで取り組む**必要があります。

本書で提案する勉強は、いわゆる机にかじりついて、テキストの最初から最後まできっちり取り組む「王道」の勉強だけではありません。

実際には本物の知識が必要なケースだけでなく、とにかく資格試験にパスすればそれでいいという場合もあるでしょうし、差し迫ったプレゼンをこなすための知識が必要なこともあれば、まだ本に載っていない最新のデータを集めて分析しなければならない場合もあります。

勉強は目的に合わせてそのつど最適化し、効率的に進めていかなくてはなりません。

また、勉強はその成果が仕事や人生に活かせてこそ、意味があります。

勉強さえやれば仕事が成功するものではありませんが、逆に仕事の経験を重ねていくだけでは、時間がかかりすぎてしまいます。

理想は勉強の成果をどんどん仕事に反映させながら、こうした経験をさらに勉強に役立てていくという**「仕事と実務のフィードバックサイクル」を確立する**ことです。本書では、仕事と勉強を常にリンクさせることも大切にしています。

英会話力ゼロから、すぐに使えるビジネス英語を身につける

「A4一枚勉強法」はあらゆる勉強内容に応用できますが、**語学が苦手な読者のために英語勉強法の章を別途設けています。**というのも私自身、英会話がまったくできない状況から、交渉やプレゼンで「負けない」英語をわずか1年で身につけたからです。

いまの私は、英語で意思疎通をしなければならないビジネスの現場で、コミュニケーシ

ョンに困ったり、失敗するようなことは100%ありません。

こんなふうに言うと、「ネイティブ並みの英語力を身につけたんですね」と感心されるのですが、それは誤解です。ネイティブと同様の英語力なんて、大人になってからの1年や2年で身につくはずがありません。

「留学でもした？」「勉強時間がたっぷりあったの？」「よほど頭がいいんでしょ」。いろいろ聞かれましたが、答えはすべてノーです。

私は、25歳でソフトバンクに入社するまで、英語とは無縁の生活を送っていました。高校生のころに福岡の天神で生まれてはじめてアフリカ系の外国人を見て、「黒人がおるばい！」と大騒ぎしていたほど、インターナショナルな環境とは無縁でした。

大学の受験勉強でも、「時間の投資効率」の観点から発音やリスニングは勉強する必要はないと判断し、一切捨てていました。私にとって英語は、漢文風に読み下すものでしかなかったのです。

実際のところ、私の世代以上の日本人が受けた英語教育は、漢文と同じようなものです。おそらく昔の日本人は、「中国人と話す機会はないけれど、中国の本を理解して文化を学ぼう」と考え、レ点や返り点などの工夫を凝らして、中国語を無理やり日本語に置き換えて読もうとしたのではないでしょうか。

受験英語など、しょせんこれと同じようなレベルで、いま思えば先生の発音やコミュニケーション能力も怪しかったといわざるを得ません。いまさらいうまでもありませんが、この程度の学校教育だけでは英会話など無理なのです。

受験を乗り切るための英語しか学んでこなかった私が、英会話の必要性に直面したのはソフトバンクに入社してからです。いきなり孫正義社長の海外出張に同行させられ、外国人とのミーティングに出席するハメになってしまいました。

当然ながら、会議の内容はチンプンカンプンで、一言も発言できません。「このままじゃ、クビだ」と真っ青になってしまいました。私は社長の手足となって交渉しなければならない立場なのに、相手の言うことすらわからないようでは存在意義がないからです。

英語を学ぶ人ならおわかりでしょうが、本物の英語力を身につけるには絶対的な学習量と時間が必要です。しかし、そのときの私は、翌日に英語で会議ができなければクビになるという状況でした。

そこで、A４の紙を使って**一夜漬けでも交渉に勝てる勉強法**を編み出したのです。それと並行して最低限の英語力を身につける勉強を1年間続けた結果、交渉事では絶対に負けない英語をマスターすることができました。

その詳細については第3章で説明しますが、勉強を始める前に、まず英語に対する考え方を変えてほしいと思います。

私たち日本人は、日本語がヘタな外国人に出会ったとき、「この人は日本語がダメだな」と思ってちょっぴり警戒したり、コミュニケーションをあきらめてしまいがちです。同様に自分自身に対しても必要以上に厳しくなり、英語が完璧にしゃべれないと自信をもって話すことができません。

日本人は語学に対して非常にデジタル的な、オール・オア・ナッシングの考え方が染みついてしまっているのです。

ところが、外国人も同じように考えているかというと、そんなことはありません。

たとえばアメリカのような移民の国は、英語がまったく話せない人や少しだけ話せる人など、さまざまなレベルの人が共存する社会です。生活のあらゆるシーンで、多様な英語力の人とコミュニケーションしている彼らは、相手の英語力など何の興味もありません。タクシーに乗ったらスムーズに目的地に到着できればドライバーの英語力など関係ないし、サプライヤーとの交渉の際でもよい商品を安く入手する契約さえ結べれば問題ないのです。ペラペラでなければいけない、という強迫観念で自分をがんじがらめにするのは、まったくのナンセンスなのです。

語学の習得は、こうした先入観を捨てて開き直ることが第一歩です。すべての科目で100点をとるのが目的ではないのですから、**語学でなくとも、社会人の勉強にはある程度こうした開き直りは必要**なのです。

本書では、A4のシートで人生計画を立て、とるべき資格や勉強する内容を決め、学習計画を立て、力を入れるべき科目を分析し、勉強時間を捻出したり、家族の協力も得られるようになっています。

サッとつくれて、一目で理解できる「A4一枚」のシートは、効率的な勉強を強力にサポートしてくれる力強い味方です。いますぐA4の紙を用意して、夢をかなえるための勉強を始めましょう。

第1章

「A4一枚」で勉強計画を立てる

人生計画シート

勉強計画の前に、まずＡ４一枚の人生計画を立てよう

この本を手にとった方の多くは、「よりよい人生を送るためにも、勉強をしなければならない」と感じている人たちだと思います。

勉強を始めるときには、まず計画を立てることが大切ですが、具体的な学習プランを検討する前に必ずやってほしいことがあります。

それは、**人生の計画を立てる**ことです。

「なんだそんなことか」「時間がもったいない」などと思う人がいるかもしれません。しかし、これからあなたが始めようとしている勉強は本当にあなたの人生に必要な勉強でしょうか？　まずはそれを見極めないと、ムダな時間を費やすことになりかねません。

そもそも、「とりあえずとっておけばなんとかなるだろう」と考えてとった資格などま

ず役に立ちません。勉強や資格はあくまでも目標を実現するための手段にすぎず、資格をとるだけで人生が変わることはないからです。

勉強するだけで幸せになれ、十分な収入を得られるのならいいのでしょうが、現実はそんなに甘くはありません。

まずは人生の最終的な目標を定め、それを達成するために必要な勉強に絞って取り組むべきです。その成果を仕事や人生に活かすことができてはじめて、意味のある勉強だったといえるのです。

また、社会人が勉強を続けていくのは想像以上に大変です。実際に多くの人が途中で挫折してしまいますが、その原因の多くは人生の目標を設定していないからではないでしょうか。

モチベーションを維持し、粘り強く学んでいくためにも、**学習に取り組む意欲とエネルギーを与えてくれる人生計画は不可欠**なのです。

そこで、まずは《人生計画シート》（39ページ）を使って、具体的な目標を立ててみましょう。

大雑把（おおざっぱ）な内容でかまいません。年代ごとに達成するべき目標をリストアップしてみましょう。

ここで大切なのは、**ビジネスだけでなくプライベートな目標も併せて立てる**ことです。

人間はビジネスで成功するだけでは幸せにはなれません。世の中には、プライベートを顧（かえり）みずに不幸になった例がたくさんあります。公私のバランスがとれてこそ、本当の幸せにつながるのです。

私のかつての上司の孫社長も、「20代で名乗りを上げ、30代で軍資金を1000億円貯め、40代でひと勝負し、50代で事業を完成させ、60代で事業を後継者に引き継ぐ」という「人生50年計画」を立て、その通りの人生を送っています。

こんなことを暴露すると怒られてしまいそうですが、若かりし日の孫社長は「愛妻をお手伝いさんのいる豪邸に住まわせる」というプライベートの目標も立て、こちらも実現させたのです。

では、具体的な例をあげて考えてみましょう。

たとえば、あなたが国際的な建築家を夢見ているとします。いまは一級建築士の資格を

人生計画シート

年代	ビジネス目標	プライベート目標
20代	一級建築士	
30代	海外の賞を受賞・インダストリアルデザインも	結婚する 子どもをつくる
40代	大規模建築を手がける	
50代	海外にブランチオフィスを置く	海外に住む
60代	引退	農園をつくる

▶年代ごとに達成するべき目標をリストアップする
▶ビジネスとプライベートの両方を書く

とることで頭がいっぱいかもしれませんが、それだけでは行き当たりばったりの人生になりかねません。夢を実現する方法を、具体的な人生計画に落とし込んでいきましょう。

世界を股（また）にかけて活躍する建築家を目指すなら、一級建築士の資格取得に加えて英語もマスターしなければなりません。また、国際的な権威ある賞をとって知名度を上げるためには、相応の準備や対策が必要かもしれません。

このように長期的な目標を立てることで、短期的にやらなければいけないことも具体化してきます。


この《人生計画シート》は、一度書いたらそれで終わりというものではありません。計画の節目や大きな変動があったときには、随時見直していくといいでしょう。自分を甘やかすのは厳禁ですが、**万一達成が困難になったときには、柔軟に計画を立て直す**ことも必要です。

私の場合は新年にその年の計画を立てる際、一緒に見直すようにしています。気持ちが引き締まっているときに、改めて人生の目標と向き合って自分を奮い立たせるのもよいものです。

10年計画シート

A4一枚で人生目標を確実に実行する

《人生計画シート》で将来の長期的な目標を立てたら、次はこれを短期的な計画に落とし込んでいく必要があります。

《人生計画シート》に記した年代ごとの目標を実現するために、**いつまでに何をやるべきか**を逆算しながら《10年計画シート》（45ページ）にリストアップしていくのです。

私の友人で、まさにこうした目標設定と勉強で夢をかなえた人がいます。

彼は大学に入学したころから、今後増加していくであろう国際的なM&Aを支援するスーパー会計士になる、という明確なビジョンを描いていました。

彼は1年生のころから計画的に勉強を始め、在学中に公認会計士試験に合格、さらにビジネス英会話も完璧にマスターしました。卒業後には司法試験もパスし、いまでは彼が夢にみていた通り、世界を股にかけて活躍するスーパーエグゼグティブです。

明確な目標をもち、それを実現するために着々と準備をしていけば、こんな大きな夢も達成できるのだと改めて教えてもらいました。

こうした**数年間にわたる中期的な目標の実現をサポートしてくれる**のが、この《10年計画シート》です。

たとえば、30歳までの目標を「独立して女性のキャリアを支援するプロになりたい」と設定した27歳の女性を例にあげてみましょう。

この場合、目標までのリミットが3年しかありませんが、あまり気にしなくても大丈夫です。人生目標は立てた時点から10年刻みで計画を立ててもいいですが、少し半端な期間が出たとしても30歳、40歳といった節目の年を目標の区切りとしたほうが、モチベーションを維持しやすい場合もあるからです。

この女性の場合、30歳までに女性のキャリアを支援するプロになって独立するという目標を達成するために、まずはキャリアコンサルタントの資格をとることにしました。しかし、この仕事はいまや女性に大人気の花形職業で、競争が激化しているうえ、ほとんどの人が人材紹介会社に勤務しており、独立している人は極めて少ないことがわかりました。

そこで、彼女はコーチングやセミナー運営の実践的なノウハウを学ぶことで、より幅広い仕事に対応できる付加価値と競争力をつけることに決めました。

彼女の場合、目標までのタイムリミットが3年しかありません。《10年計画シート》の一番上に3年後の最終目標を書いて、計画実現のためにやるべきことを逆算していきます。

2018年：キャリアコンサルタントの資格を取得し、人材紹介会社に転職
2019年：人材紹介会社でキャリアカウンセリングの実務経験を積みながら、コーチングの勉強をする
2020年：さらにセミナー運営の勉強をして、独立する

この場合、キャリアコンサルタントの資格はゴールではなく、彼女の夢を実現するための第一歩にすぎないことがおわかりでしょうか。

「がんばって資格をとれば、その職業に就ける」とか「何か勉強しないと」などと勉強が

万能であるかのように勘違いしている人がいるようですが、実際はそれだけでは何も実現できません。**明確な目標をもち冷静な現状分析をして、夢を実現するために必要な勉強を選んで実行する**人が「勝つ」わけです。

もし「この人のようになりたい」と思える人が身近にいるならば、《ロールモデルシート》(75ページ)も併せて作成してみましょう。

この《ロールモデルシート》と《人生計画シート》を突き合わせていくと、さらにイメージしやすい《10年計画シート》をつくることができます。

10年計画シート

20	代の目標	女性のキャリアを支援するプロになりたい
20	代の勉強目標	キャリアコンサルタント、コーチング・セミナー運営
2020	年の目標	独立
2020	年の勉強目標	セミナー運営スキル
2019	年の目標	人材紹介会社で実務経験
2019	年の勉強目標	コーチング
2018	年の目標	人材紹介会社に転職
2018	年の勉強目標	キャリアコンサルタントの資格取得

▶いつまでに何をやるべきかを逆算しながらリストアップしていく

▶人生計画シートとロールモデルシートを参考にしながら作成する

1年計画シート

A4一枚でねらった試験に確実に照準を合わせる

《10年計画シート》が完成すると、いよいよ実行すべきことが見えてきます。次は、《1年計画シート》（49ページ）で年間の学習プランを作成していきましょう。

資格試験に挑戦する場合、年に何度も試験を行なう資格ならば自分のペースで勉強できますが、難関といわれる資格ほど受験機会が少ないものです。チャンスは年に一度しかないのに、「半年ぐらい勉強すればなんとかなるだろう」などと根拠もなく漠然とした計画を立てるのは失敗のモト。だらだらとモチベーションを下げてしまったり、勉強が間に合わない原因になります。

数少ないチャンスを確実にモノにするためにも、《1年計画シート》を作成して、目標を達成できる学習プランを立てていきましょう。

年間の学習プランを立てる際、ぜひ参考にしてほしいのが、その資格取得を目指す専門学校やスクールの年間計画です。

たとえば社会保険労務士であれば、試験は毎年8月末に実施され、その試験に照準を合わせた講座は1月に開講されることが多いようです。4月までに一通り試験範囲を学んでから、5月と6月に重要ポイントを集中的に学び、7月と8月に総復習というパターンが定番です。このペースで勉強を進めれば、8か月間で合格をねらえるということですから、独学の人もおおいに真似させてもらいましょう。

もちろん、自信がない場合は、先んじて勉強を始めてもいいでしょうし、遅れをとった場合でも、それを理解していれば集中的に追い込みをかけることができます。どちらにしても、適切なスケジュールを知らずに始めるよりずっと効率的なのです。

また、このように**最初にざっと全体像を理解してから、二度三度と学習していく**方法は実に理にかなっています。

ある研究結果によると、人間の脳は最初に大まかな情報を認識してから、あとからやってくる詳細な情報を受けとる準備をしているそうです。そのため、最初から時間をかけて詳細に勉強するのではなく、まずは大雑把に全体のフレームワークをつかんでから詳細を学んでいくのがいいでしょう。

たとえば社会保険労務士の場合、試験科目は「労働基準法及び労働安全衛生法」「労働者災害補償保険法」「雇用保険法」「社会保険に関する一般常識」「健康保険法」「厚生年金保険法」「国民年金法」「労務管理その他の労働に関する一般常識」の8科目があります。これらはまったく別の法律とはいえ、労働や社会保険のプロである社会保険労務士の業務に関わるものなので、どれも密接に関連しています。

ですから、人間の脳の特性を活かすなら、1か月に1科目と決めて順番に制覇していくよりも、大まかでいいので全科目をざっと理解してから、改めて1科目ずつポイントを学習していくほうが効果的といえます。

ですから試験まで8か月あるとしたら、最初の4か月はひと月に2科目ずつ学習し、次の2か月ではひと月に4科目ずつ重要ポイントを中心に二度目の学習をしていきましょう。そして最後の2か月で総復習を行ない、ダメ押しをするのです。

1年計画シート

	1月	2月	3月	4月	5月	6月	7月	8月	9月	10月	11月	12月
労働基準法及び労働安全衛生法												
労働者災害補償保険法												
雇用保険法												
社会保険に関する一般常識												
健康保険法												
厚生年金保険法												
国民年金法												
労務管理その他の労働に関する一般常識												

▶この期日に従って教材ごとに月次計画シートを作成する

▶最初にざっと全体像を理解する

最初の学習が一通り終わったら、その時点で計画を見直してもかまいません。

《時間当たり効率向上1セットシート》（111ページ）を使って、科目ごとに学習時間にメリハリをつけるのもいいでしょう。

私自身も高校生のころからこうしたことを無意識に感じていて、1回目で大まかな枠組みを理解し、2回目で詳細を学習し、3回目で記憶をしっかり定着させる勉強法を実践してきました。名づけて**「ローリング学習法」**です。

この勉強法に切り替えたところ、格段に理解が進み、学習効果が上がっているのがはっきりと実感できたのをおぼえています。

だまされたと思ってぜひ、実践してみてください。

月次計画シート

A4一枚で記憶を確実に定着させる

「がんばって勉強しているけれど、覚えられない」

「覚えたはずなのに、すぐに忘れてしまう」

勉強する人なら、だれもが直面する悩みですね。いかに記憶を定着させるかという問題は若い学生さんにとっても大きなテーマですが、加齢にともなって記憶力の低下を実感している社会人にとってはより深刻です。

そんな人は、年間計画だけでなく月次計画にもローリング学習法をとり入れると、テキメンに効果が現れます。《1年計画シート》で年間計画を立てたら、具体的に使用する教材を決めて、この学習法に基づいた1か月の学習プランを決めていくのです。

人間は忘れるのが得意な動物ですが、**1週間以内に同じことを3回勉強**すれば、さすがに「これは忘れてはいけない重要な内容だ」と脳が認識して記憶を定着させるものです。

これを計画立てて行なうことで、覚えたい内容をしっかり記憶させていくのです。

この学習法のポイントは、同じ内容を1週間以内に3回学習するプランを立てること。

1回目を終えたら、次の日に復習がてらもう一度取り組みます。そして忘れかけた1週間後に3回目をこなすことで、記憶を定着させるわけです。


たとえば前項の《1年計画シート》で計画した通り、最初の月には「労働基準法及び労働安全衛生法」と「労働者災害補償保険法」の2科目を学習するとしましょう。1冊ずつ参考書を用意して、徹底的にサブノートをつくりながら読み込むことにします。

《月次計画シート》(55ページ)には同じテキストを3回やる前提で、3回分の欄を用意してください。テキストはそれぞれ15章あって1日に1章進めるとすると、1回目は初日から、2回目は2日目から、3回目は7日目から始めていきます。

この方法だと、毎日新しい勉強に加え、前日の復習と1週間前の復習をこなすことになります。**一度覚えた短期記憶の内容を中期記憶へと発展させ、さらに長期記憶として定着させていく**ことができます。

問題集を並行する場合は、できれば同じものを3冊用意して、それぞれを3回分の勉強にあててください。

同じ問題を3回繰り返す時間がとれない場合は、3回目は間違えた問題だけに絞ってもよいでしょう。仮に正解できても、それを導く考え方に不安がある場合はチェックをつけて3回取り組み、確実に理解するようにしてください。

計画を立てる際はやる気にあふれているため、毎日みっちり学習するプランをつくりがちですが、あえて休日には予定を入れないことをおすすめします。平日は必ずしも予定通りに進むとは限らないので、**土曜は調整日にあて、日曜は勉強をせず完全な休日に**しましょう。

長期で勉強をしていくなら、リラックスしたり家族といっしょに過ごす時間も確保するのが挫折せずに続けていくコツです。

またこの場合、月末のスケジュールに余裕があるように見えますが、苦手分野は3回繰り返しても足りないものです。月末にこうした分野を何回も徹底して復習し、決めた科目を月内に完璧にマスターするようにしてください。

この方法は効率よく学習を進められるうえ、1回目にわからなかった問題も、回を重ねるごとに確実に力がついていることを実感できます。

こうした**小さな達成感の積み重ねは、勉強を続ける大きなモチベーションにつながる**のです。

一度覚えたことを忘れてしまうのは、仕方のないことです。それでも、脳細胞は何歳になっても増え続けることがわかっています。

忘れたことを嘆くのではなく、ひとつひとつ思い出し、定着させる作業を地道に続けていくことが大切です。

月次計画シート

日	1	2	3	4	5	6	7	8	9	10	11	12	13	14	15	16	17	18	19	20	21	22	23	24	25	26	27	28	29	30	31
曜日	金	土	日	月	火	水	木	金	土	日	月	火	水	木	金	土	日	月	火	水	木	金	土	日	月	火	水	木	金	土	日
労働基準法及び労働安全衛生法	1章			2章	3章	4章	5章	6章			7章	8章	9章	10章	11章			12章	13章	14章	15章										
				1章	2章	3章	4章	5章			6章	7章	8章	9章	10章			11章	12章	13章	14章	15章									
								1章			2章	3章	4章	5章	6章			7章	8章	9章	10章	11章			12章	13章	14章	15章			
労働者災害補償保険法	1章			2章	3章	4章	5章	6章			7章	8章	9章	10章	11章			12章	13章	14章	15章										
				1章	2章	3章	4章	5章			6章	7章	8章	9章	10章			11章	12章	13章	14章	15章									
								1章			2章	3章	4章	5章	6章			7章	8章	9章	10章	11章			12章	13章	14章	15章			

▶月末には3回目が終わるようにする

▶土曜は調整日、日曜は休みにする

1日計画シート

A4一枚で毎日の勉強が飛躍的にはかどる

「今日中にこの仕事を片づけるように」と上司から突然命じられたとき、「そんなの無理だ」と思いながらも結局できてしまった、という経験はありませんか。

逆に、同じ仕事でも1週間の猶予(ゆうよ)があるような場合だと、なんだかんだと本当に1週間かかってしまったということもよくある話です。

私は長年プロジェクト・マネージャーとして多くの計画を手掛けてきましたが、失敗するマネージャーには、ある共通点があります。品質やコストを重視しすぎて納期を後回しにしているのです。

どんなプロジェクトも、**大切なのは納期とコストと品質のバランス**です。どんな優れた計画でも、タイミングを逃すとその存在自体に意味がなくなってしまうことも少なくありません。納期から逆算しながら、その範囲内で最大限コストダウンと品質の向上をはかっていくのが、プロジェクト・マネージャーに求められる資質なのです。

私はプロジェクトに限らず、ミーティングを始めるときも、「3時までに結論を出そう」と最初に時間を決めて、皆に伝えるようにしています。**始める前に締切りを強く意識する**ことで、参加者の集中力や発想力にエンジンがかかり、格段に早く仕事をこなせるようになるからです。

結局人間は、無限に時間を与えられると無限に時間をかけてしまいますが、期限を切られるとがぜん集中力を発揮して、なんとかこなしてしまうものです。勉強も同様に、**時間や締切りを決めて取り組むことで格段に効率が向上する**のです。

そこで、毎日勉強を始める際には、必ずその日にやることを《1日計画シート》（59ページ）に書き出してみましょう。

ともすると「試験まであと半年ある」などと考えがちですが、「限られた時間の中で、これだけの勉強をしなければならない」ということを、明確にしてから学習を始めることで集中力が格段にアップするのです。

ただし、単に「オンライン英会話レッスンに参加して、その後単語を覚える」というような内容と順番を決めるだけで終わらないように注意してください。何時から何時までと時間を区切って、参加するレッスンの時間や覚える単語数、参考書なら何ページから何ページまで学習するのかを細かく決めていくことが大切です。

これは、学習はほとんど進んでいないのに机に向かっただけでなんとなくできたような気分になってしまうのを防ぐ意味合いもあります。

目的は2時間机に向かって教材を順番通り進めていくことではなく、学習するべきことをきっちりやり遂げることです。1日に一度といわず、朝と夜に分けて勉強するなら、そのつどシートをつくってやるべきことを設定しましょう。**やり遂げた達成感を味わいながら学習計画を進めていけば、驚くほど勉強が進む**のを実感できるはずです。

けれども、集中して取り組んだのに時間内に終わらなかったときや、体調が悪かったり仕事が忙しくて勉強ができなかったときも、あまり自分を責めてはいけません。

計画通りに進めることばかりを重視して、肝心の学習内容が頭に入っていないようでは本末転倒です。やりきれなかった範囲は翌日に回したり、調整日である土曜日をうまく使

1日計画シート

時間	内容	項目・ページ
21:00 ～ 22:00	オンライン英会話	マンツーマンレッスン
22:00 ～ 22:30	『究極の英単語』	100単語
22:30 ～ 23:00	『最新版 ビジネス英語スーパーハンドブック』	35ページから42ページ

▶手書きでサッと書く

▶内容だけでなく、項目やページ数も決める

▶そのつど作成する

って無理なく進めることが長く続けるコツです。

人生、10年、1年、月次、1日とたくさんの計画シートを紹介してきました。「いったい何枚の計画シートをつくればいいんだ」とウンザリする人もいるかもしれませんが、どれも人生の目標を達成するために欠かせない大切なシートです。

この《1日計画シート》も、単純ですが勉強の効率が飛躍的にアップする魔法のシートです。走り書きのメモで十分。1分もあればつくれますので、ぜひ勉強を始める前の習慣にしてください。

人生の選択シート

Ａ４一枚で人生の挑戦の投資対効果を分析する

弁護士や会計士など難関資格の取得、ＭＢＡのための留学、株式公開を目指して起業など高い目標にチャレンジをすることは人生で飛躍するには有効な方法でしょう。

しかし、いざ実行するとなると悩むものです。それは、それらの選択に伴う投資（コストや機会損失）とリターンがあるからです。また、リターンの発生確率の問題もあります。そこで**人生の選択をする際には、投資として検証をすることが重要**になってきます。

このような人生の選択をする際には、《人生の選択シート》（65ページ）を使って投資としての妥当性を検証してみましょう。

例えば、あなたが大学生と仮定して、伝統的大企業に就職、ベンチャー企業に就職、外資系投資銀行に就職、自分で起業の４つの選択肢から選ぶ場合を考えてみましょう。

まず、伝統的大企業への就職であれば、いまは新卒学生の就職率は高いのであまりコストはかからないでしょう。そしておそらく生涯年収は数億円でしょう。その生涯年収を達成する確率は80％ぐらいまだあるのではないでしょうか。

ベンチャー企業に就職する場合はどうでしょう。最近はベンチャー企業でもそれなりに給与を払うところも多いですから生涯年収は数億円としましょう。しかし、その会社に一生いる可能性はかなり低いでしょう。その後どうなるか見通しは不確実なので、達成する確率は50％としましょう。

では、外資系投資銀行に就職する場合を見てみましょう。外資系投資銀行はリーマンショック以降、それ以前ほどの高給ではなくなってきています。また、在職期間も短くなる可能性が高いでしょう。しかし、マネージングディレクターになれば10円億円は下らないはずです。ただし、その確率は5％もないぐらいではないかと思います。

最後に、起業を考えてみましょう。じつは起業は投資がかなり巨大です。会社の設立資金の話ではありません。機会損失です。つまり日本社会では他の選択を捨てることになるからです。とくに新卒であればそうです。数億円の投資といえるでしょう。

また、起業して株式公開を成功とするならば、成功する可能性は一般的には０・３％強です。日本では一年間におよそ15万社新しい会社ができて、株式公開までたどり着くのが50社ぐらいだからです。ただし、公開すれば１００億円ぐらいの資産が手に入る可能性はあります。発生確率とあわせ期待値を算出すると３０００万円（１００億円×０・３％）でしかないのですが。こうして考えると学生から起業するのは合理性がありません。

実は、人生の選択シートのような考え方で成功している人が最近結構います。新卒で外資系投資銀行に入り、起業やベンチャー企業のＣＦＯ（最高財務責任者）として転職している人たちです。私の友人にも何人もいます。人生の選択の時に冷静に投資とリターンと確率を計算しているのです。

ポイントは確率です。実はリターンも個人によって確率は変わります。ベンチャー企業にＣＦＯとして入れば年収１５００万円ぐらいは狙えるかもしれないですし、出資できたりオプションがもらえたりして数億円のリターンがあるかもしれません。また、リターンの出る確率も6割〜8割まで上昇するでしょう。

また、起業についてもそうです。在学中に起業してサラリーマンの給与ぐらい稼げるような一定以上の成功をしている場合には、リターンの発生確率は10%にしてコストは0としてもよいでしょう。この場合は就職という選択はないでしょう。これがビル・ゲイツなど著名な起業家に大学中退した人が多い理由なのです。

また、就職してからノウハウや人脈を得て、成功する確率が5割〜7割あると感じられるようになったなら起業するべきでしょう。

後悔しない人生の選択をするために、人生の節目節目でこのシートを活用して選択の棚卸しをしてください。きっと重要な気づきがあると思います。

人生の選択シート

目標	生涯年収を最大化する

選択肢	リターン	確率	コストや機会損失
伝統的大企業	数億円	80%	0円～数億円（人による）
ベンチャー企業	数千万円～数億円（その後に他の選択からのリターンがある可能性大）	50%	0万円～数億円（人による）
外資系投資銀行	数千万円～10億円以上（その後に他の選択からのリターンがある可能性大）	5%	0円～数億円（人による）
起業して株式公開	100億円	0.3%～（人による）	数億円

▶すべての選択肢のコストとリターン、そして実現可能性（確率）を大まかに算出する

A4一枚で自分がとるべき資格がわかる

具体的な目標はまだ見えていないけれど、自分の進みたい分野や大まかな夢は決まっている、というときに使ってほしいのが《資格選定シート》（69ページ）です。**自分の希望を実現するためには、どんな資格が必要なのかがわかる**ようになっています。

目指す分野や職業は同じであっても、最終的に満足できるかどうかはその人次第。安易にとりやすい資格をねらうのではなく、こうした最終目標を確実に達成するための資格を選び出すことが必要です。

たとえばインテリアの分野に進みたいという人のケースを考えてみましょう。

まずは考えられる資格を縦軸に書き込んでみます。ここではカラーコーディネーター、二級建築士、インテリアコーディネーター、福祉住環境コーディネーターをあげてみました。

そして横軸には、自分が仕事に対して重視することを、重要度の高いものから順に左から並べてみます。

この評価軸は人生や仕事に対する価値観でもありますから、人によって内容は千差万別です。収入を重要視する人もいれば、やりがいを第一に考える人もいるでしょう。また、「就職のしやすさ」「競争相手の少なさ」「人とのふれあい」「勤務時間の安定」「海外との接点の多さ」など、どんなことでも結構ですから、**仕事を選ぶうえで重視するポイントをピックアップ**してください。

これはあまり数が多すぎると混乱しますので、5項目ぐらいに絞るようにしましょう。ここでは、収入、安定感、興味、独立可能性、実現可能性とします。

縦軸と横軸が埋まったら、それぞれが交差する欄に◎、○、△、×と4段階の評価をつけていきます。

ここで注意してほしいのは、くれぐれもイメージで書き込んだりしないようにということです。ここはあなたの考えではなく、将来直面するであろう現実を書く欄です。できれば実際にその職業に就いている人の話を聞いて、「本当に高収入を得られるのか」「本当に独立しやすい資格なのか」「どのくらい勉強すれば合格の射程圏内に入れるのか」などの生きた情報を仕入れることがポイントです。

というのも、世の中はめまぐるしく変化しているので、「以前は競争が少なく黙っていても仕事が入ったが、最近は参入する人が増えて生き残りが厳しくなった」などというように、**職業や資格を取り巻く状況は絶えず変わっている**からです。

たとえば、一昔前なら弁護士は独立して高収入を得られる職業の代表格でしたが、最近は法律事務所の大規模化や裁判件数の減少で、独立して十分な収入を得るのは難しい業種になりつつあります。

先輩の事務所に居候する「イソ弁」に加えて、いまでは無給で電話と机を借りる「ノキ弁（軒先を借りるだけ）」と呼ばれる例も登場しているとか。ですから、いわゆる「士業」で独立することが目的であれば、弁理士など他の資格のほうが向いている場合もあるのです。

この弁護士の事例は一例にすぎませんが、他の資格でも一般の人が思い描いているイメ

資格選定シート

資格	評価軸1 収入	評価軸2 安定感	評価軸3 興味	評価軸4 独立可能性	評価軸5 実現可能性
カラーコーディネーター1級	△ 結構難しい	○	△	○	○
二級建築士	○	◎ 独占分野あり	○	△	△
インテリアコーディネーター	△	○	○	○ フリーでは幅が出る	△
福祉住環境コーディネーター2級	△	○	△ 他の資格の次に	×	○

▶自分の評価軸を5つ書き出す

▶◎・○・△・×で評価をつける

ージと現実が大きくかけ離れているケースはたくさんあるので、**できる限り現役の人から最新情報を得るよう努力してください**。

周囲で話を聞けるような人がどうしても見つからない場合は、最低でも本や雑誌をチェックしたりインターネットで情報を検索しましょう。

こうした情報を収集する際には、《正しい質問シート》（225ページ）や《正しい検索キーワードシート》（229ページ）も役立ちます。後悔しないためにも、しっかりと情報収集したうえでシートを埋めていくようにしてください。

《資格選定シート》は、資格取得に関して適切な判断を下すヒントになるのはもちろん、埋めていくプロセスにも重要な意味があります。

イメージだけで思い描いていた夢を現実的に分析していく過程で、自分が何を望んでいるのか、そして本当にその資格を目指す意味があるのかを検証できるからです。

ロールモデルシート

A4一枚で理想のロールモデルと同じ能力を身につける

資格を取得するために勉強している皆さんは、資格がとれた暁（あかつき）には何をしたいと思っていますか。

貴重な時間を割いて勉強するのですから、そのライセンスや知識を実務に活かしてこそ、その価値があります。

まさか、とるだけとったらあとは眠らせておきたい、なんていう人はいないでしょうが、目先の目標ばかりにとらわれていると、自分が何をするべきかがわからなくなることもあります。

たとえば、新卒で不動産会社に入ったので早めに宅地建物取引士の資格をとらなければならないのに、広報部に配属されたりした場合です。まず宅建をとるべきなのか、それとも先に広報の勉強をすべきなのかがわからなくなってしまうということがあるでしょう。

自分がいま、何をすべきかを具体的に知るためには、《ロールモデルシート》（75ページ）を使って**身近なお手本となるべき人を探す**のが一番です。

会社の先輩や上司の中に、「あんなふうになりたい」と思えるロールモデルを探して、徹底的にその人の真似をしてみましょう。

ロールモデルとなる人を決めたら、その人が発揮している能力を分析します。単に「できる先輩」と思っていた人でも、冷静に分析してみると交渉力に長けているとか、企画力や発想が豊かだったりと、具体的な能力や得意分野が見えてきます。そして、こうした能力を発揮するまでに**積んできた経験と勉強してきたことを、直接本人に「取材」してみる**のです。

これまで何をしてきたのかを詳細に、しつこく聞いてみるのがポイント。「〇〇さんのようになりたいから教えてください」などと言われて嫌な気持ちになる人などいませんから、遠慮する必要はありません。

その人が積んできた経験や学習の内容がわかったら、いままでの自分の経験や勉強内容と比べてみましょう。その人のようになるために、積むべき経験と取り組むべき勉強が見えてくるはずです。

経験と勉強は、互いに補完する関係にあるので並行するのが理想ですが、どちらかが先行してもかまいません。ロールモデルよりも先回りして勉強しておくのもいいですし、勉強よりも先に現状の仕事の幅を広げていくのも意味があると思います。

単なる精神論のように聞こえるかもしれませんが、ロールモデルの効果は絶大です。その人がこれまで積み上げてきたプロセスを同じように実践するわけですから、程度の差はあっても同じような能力は必ず身につくのです。

この場合大切なのは、実際に**話を聞いてすぐに真似ができる存在であること**です。雲の上の存在を目標にするのも悪くはありませんが、必ず身近なロールモデルも併せてもつようにしましょう。

私自身も高校生のころから尊敬していた友達がいましたし、三菱地所時代も同じ職場の先輩をロールモデルにしていました。ソフトバンク入社後は、何を隠そう孫社長の真似ばかりしています。

私の場合、この人のようになりたいと思ったら、口癖といったたわいないことから**徹底的に真似する**のがポリシーです。別に嫌な口癖を真似る必要はありませんが、場を和(なご)ませたり相手をいい気分にさせるような口癖だったら、どんどん真似すればいいと思います。

意外とこんな些細(ささい)なところから、その人の**行動パターンや思考パターンが見えてくる**こともあります。そして新しい発見があれば、さらに真似していくわけです。

こうしたロールモデルは、必ずしも自分と同じ業務を担当する人である必要はありません。むしろ、自分の希望する部署にいる人をロールモデルに設定し、その人がどんな経験や勉強をしてきたのかを知れば、自分も同じ道に進むための準備ができます。

目標とする人が複数いるなら、全員についてシートをつくるのもいいでしょう。ただし、多すぎると混乱するので、2〜3人程度にとどめておくのが無難です。

ロールモデルシート

▶目標にしたい人

榊　徹朗さん

▶発揮している能力

・交渉力（各本部との調整）
・企画力（新規キャンペーン）
・

▶経験と学習履歴

経験（学校・会社・部署）	学習履歴
大学	経営学
三友不動産　横浜事業部	宅地建物取引士
三友不動産　広報部	マーケティング協会講座・早稲田大学大学院

▶自分自身の学習履歴

経験（学校・会社・部署）	学習履歴
大学	経営学
三友不動産　広報部	宅地建物取引士

▶今後、自分のするべき経験と勉強

・不動産実務
・マーケティング
・

▶自分の身近な人でモデルになる人を選ぶ
▶その差が自分のするべき経験と勉強

講座実現シート

A4一枚でカルチャースクールの講師になる

「趣味を活かして独立したい」

「カルチャースクールの講師になって輝きたい」

そんな夢をもって会社を辞めて、アロマセラピストやソムリエ、キャリアコンサルタントなどの資格を目指して勉強を始める人が、とくに若い女性の間で増えているようです。

夢をもつのは大変結構なことですが、残念ながら資格はとれたとしても、実際にそれを職業にできるのは、ごく一部の人たちだけというケースも少なくないようです。


なぜ、彼女たちは夢をかなえられないのでしょうか？

答えは簡単。競争相手が多すぎるからです。いまどき、どこのカルチャースクールにもアロマセラピーの先生はいるし、自宅で教室を開いている人もたくさんいます。

とくに「〇〇協会」というような業界団体があるような分野では、いくつもの上位資格が存在することも多く、独立は非常に難しいことが多いのです。そんな状況で新規参入しても、よほど飛び抜けた才能や人気の持ち主でない限り勝てる見込みは薄いといわざるを得ません。

そこで、私がおすすめしたいのが、まずは**目指す分野と近い競争の少ない分野で独立し、ある程度の実績を上げてから本当にやりたい分野へと手を広げていく**方法です。《講座実現シート》（79ページ）でそれを探してみましょう。

たとえば、あなたがフランス菓子づくりの先生を目指しているとします。まずはその需要と供給を考えてみましょう。

フランス菓子づくりを習いたいという生徒の数はけっして少なくないでしょうが、巷（ちまた）の料理学校にはすでに多くの講師がいますし、高いブランド力をもつ有名パティシエもたくさんいます。あなたがフランスで1～2年菓子づくりを学んだとしても、すぐに生徒さんが集まると思いますか？

カルチャースクールのパンフレットにすでに載っている分野や、インターネットで検索すると山ほどヒットするような分野にいまさら参入しても、スタートの時点で相当な差をつけられてしまっているのです。

《講座実現シート》でいうと、フランス菓子は1の位置にあります。やりたいことと合致しているけれど、競争がとても激しい。

だったら少し、左下方向に目標をずらしてみてはどうでしょう。**本来の目標と離れすぎない程度に競争相手の少ない分野を探す**のです。

この場合であれば、同じお菓子でもアジアンスイーツ、たとえばフィリピンのお菓子にターゲットを変えてみるのです。

仮にフィリピンに渡って1年間お菓子づくりを学んで教室を開けば、それだけであなたは日本におけるフィリピンスイーツの権威です。生徒の数は多くはないかもしれませんが、競争がない分、独占的なビジネスができます。

もし何かのきっかけでフィリピンスイーツブームが起こったりすれば、あなたは一躍時代の寵児(ちょうじ)。レシピ本を出版すればベストセラーも夢ではないかもしれません。

そこまではいかなくても、**競争の少ない分野を選んで参入することは独立へのハードルを低くする最も簡単な方法です**。

講座実現シート

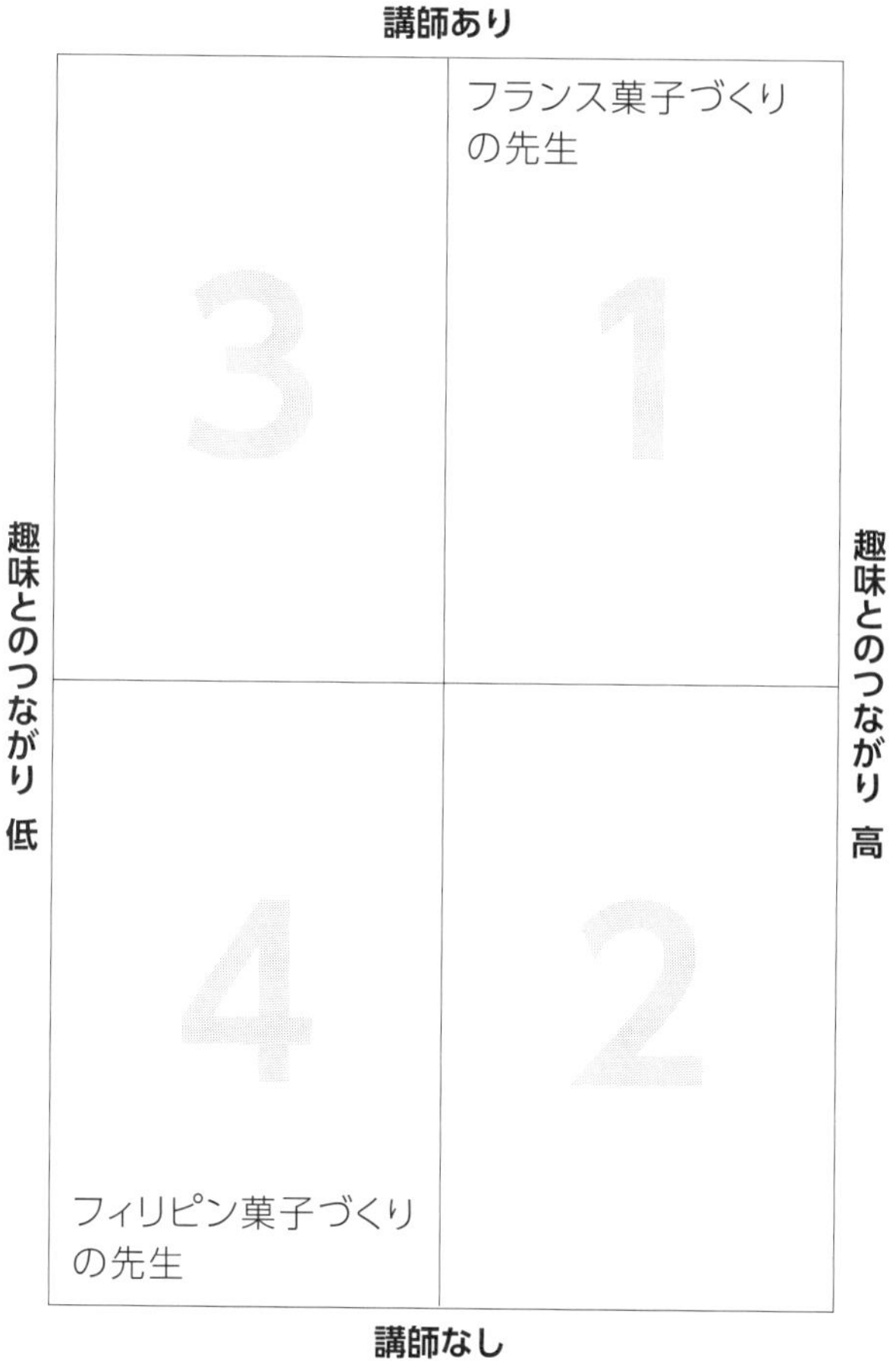

	講師あり	
趣味とのつながり 低	3	1 フランス菓子づくりの先生
	4 フィリピン菓子づくりの先生	2
	講師なし	趣味とのつながり 高

▶目指す分野と近い、競争の少ない分野を探す

もし、どうしてもフランス菓子をあきらめきれないなら、フィリピンスイーツである程度実績をつくってから手を広げればいいのです。無名なままチャレンジするよりずっとスムーズに進むはずです。

私がこのアイデアを思いついたのは、実際に私の知人女性がこの方法で成功しているからです。彼女は料理の先生になるのが夢でしたが、いきなりは難しいと判断して手づくりせっけんの先生になる道を選びました。

友人の紹介で単発の教室を開いたのを機に、複数のカルチャースクールに講座をもったり、雑誌やテレビに登場するまでに成長。十分な実績を上げた後に本来の夢だった料理教室を開いたところ、せっけんづくりの受講生たちや彼女らの紹介による生徒がたくさん受講してくれ、どちらも順調に人気を集めています。

第2章

「A4一枚」で効率よく勉強する

勉強時間抽出シート(1)

A4一枚で隠れ勉強時間を発見する

「とにかく忙しくて勉強する時間がとれない」というあなた。その気持ち、よくわかります。

かくいう私も毎朝8時には家を出て、会食や各センターを回り帰宅するのは夜の10時過ぎ。週末は家族サービスと決めているので、まとまった時間はなかなかとれません。

しかし、世の中にはどんなに忙しくても、ちゃんと成果を上げている人がたくさんいます。**時間はだれにでも平等に与えられているのですから、要は使い方です。**限られた24時間の中から、なんとかして勉強時間を捻出しなければならないのです。

睡眠時間を削る、仕事を早く切り上げるといったやり方は手っとり早い方法ですが、まずは、現状の生活スタイルの中から使える勉強時間がないかを探していきましょう。

もしもあなたの考える勉強スタイルが「机に座ってするもの」であれば、まずはその固定観念を取り払いましょう。

机にかじりつくだけが勉強ではありません。そういう時間も確保しながら、**「ながら勉強」を並行すれば、確保できる学習時間はグンと増えます。**

たとえば通勤時間であれば、電車で座れない限りノートをとるのは難しいですが、目と耳なら使うことができます。それなら、目と耳だけを使った勉強をすればいいのです。

他にも1日の中には、目だけは使える、耳だけは使えるといった「隠れ勉強時間」がたくさんあります。身体の使っていない部分は、どんどん勉強に回していけばいいのです。

そこで《勉強時間抽出シート(1)》(85ページ)を使って、自分の1日を分析してみましょう。

まずは、仕事がある日の1日の大まかなスケジュールをシートに書き出してみましょう。

こうした表をつくると、最初の項目を「起床」とする人が多いのですが、眠っている間にも1日は始まっています。場合によっては起きる時間そのものを検討する必要もあるので、**表は必ず深夜0時から始める**ようにしてください。

さらにスケジュールの右側には、「体」「目」「手」「耳」「口」という5つの項目の欄をつくります。そしてその時間帯に、5つの項目のうちどこが自由になって、どこが使えないのかを○と×で書き込んでいきます。

たとえば睡眠中であれば、普通は身体のどの部分も使えませんので、全部×がつくことになります。朝食や身支度をしている時間はどうでしょうか。歯を磨いたり着替えたり、食事をしたりと忙しく家の中を動き回っているので、体も目も手も口も使っています。でも耳はどうでしょう。意外と使えるのではありませんか。

だったらCNNなどの英語のニュース番組やラジオ、リスニング教材を流しておくという手があります。集中したリスニングは難しいかもしれませんが、英語のシャワーを浴びるという意味ではそれなりの効果が期待できるはずです。

同様に、他の項目でも身体の一部で空いている部分がないか考えてみましょう。**身体の一部であれば空いている時間が意外とある**ことに気づくはずです。

この《勉強時間抽出シート(1)》をつくり終わったら、次に紹介する《勉強時間抽出シー

勉強時間抽出シート(1)

時間	利用法	体	目	手	耳	口
00：00〜07：00	睡眠	×	×	×	×	×
07：00〜08：00	朝食他	×	×	×	○	×
08：00〜09：00	通勤	×	○	×	○	×
09：00〜12：00	仕事	×	×	×	×	×
12：00〜13：00	昼食・昼休み	○	○	○	○	○
13：00〜21：00	仕事	×	×	×	×	×
21：00〜22：00	帰宅	×	○	×	○	×
22：00〜23：00	夕食・入浴他	×	○	×	○	×
23：00〜00：00	自由時間	○	○	○	○	○

▶自分の時間利用法別に「体」「目」「手」「耳」「口」の5つの部分の自由度を分析する

▶89ページの教材で使う身体の部分に合わせて時間利用法を検討する

ト(2)》で、それに応じた勉強法や教材を検討していきます。これでいままでの生活時間帯を変えなくても、勉強時間を確実に増やすことができるはずです。

どれも細切れの時間ではありますが、塵(ちり)も積もれば山となるといいます。こうした時間を有効に使っている人と、使っていない人とではやがて大きな差が出てきます。

このシートのメリットは、絶対的な勉強時間が増えるだけではありません。

勉強は毎日続けて習慣化することが大切です。朝にラジオを流す、昼休みにちょっと英語の本を読むなど**小さなことでも毎日続けることで、勉強が生活の一部になり、苦にならなくなってきます。**

《勉強時間抽出シート(1)》で1日の生活を振り返ることは、自分に与えられた24時間をムダなく利用し、勉強時間を増やす第一歩なのです。

勉強時間抽出シート(2)

A４一枚で勉強法を自由自在に使い分ける

《勉強時間抽出シート(1)》では毎日のスケジュールの中で、自由になる身体の部分を分析していきました。

次は《勉強時間抽出シート(2)》（89ページ）を使って、勉強法ごとに必要な身体の部分を見ていきましょう。

最後にこの2つのシートを組み合わせることで、**1日の中でいつ、どのような勉強ができるかが一目でわかる**ようになっています。

とくに語学を学習している人であれば、勉強法は多種多彩です。いま取り組んでいる方法に加え、考えられる勉強法を《勉強時間抽出シート(2)》でリストアップし、必要な身体の部分を○×で書き込んでいきましょう。

たとえば本を読む場合は、目が自由になればＯＫです。携帯音楽プレーヤーがあれば、耳さえ自由になれば最低限のリスニングはできるし、車に乗る人ならカーステレオでも同様です。家にいるときなら、ラジオが同じ役割を果たすでしょう。

ＣＤなどの音声教材を併用した参考書や通信教育の場合は、手と耳と目が必要になってきます。音読したり口に出すことで記憶が定着しやすくなるので、口も使えたほうがいいでしょう。

英会話スクールにいたっては、足を運ぶ必要があるので体も必要になります。ちょっと敷居が高いですね。

もしもスクールに通う時間や費用がとれない場合や、スクールがない地域に住んでいる人は、独学で取り組まざるを得ません。ＴＯＥＩＣや英検のような試験ならそれでも対応できますが、**会話力を身につけたいならアウトプットの機会をもつことは必須**です。

実際に英語で会話をして、コミュニケーションをとったり、失敗を経験しないと会話力のアップは困難です。

そういう人におすすめしたいのはオンライン英会話です。オンライン英会話は価格が既

勉強時間抽出シート（2）

	体	目	手	耳	口
本	×	○	×	×	×
通信教育	×	○	○	○	×
英字新聞	×	○	×	×	×
携帯音楽プレーヤー	×	×	×	○	×
カーステレオ	×	×	×	○	×
英会話スクール	○	○	○	○	○
オンライン英会話	○	○	○	○	○
ラジオ	×	×	×	○	×

▶「体」「目」「手」「耳」「口」の5つの観点で必要とされるものに○、必要でないものに×を教材別につける

存の英会話スクールに比較すれば破格に安く、急速に普及してきました。オンライン英会話の活用のポイントは、自分の学習ニーズにあっているかどうかということです。

オンライン英会話は担任制ではなく、講師のスケジュールの空きを見ながらそのレッスンに参加することになる場合がほとんどです。人気の講師は取れない可能性が高いですし、同じ講師のレッスンを取り続けることも難しいでしょう。ともすると、毎回自己紹介ばかりすることにもなりがちです。なかなか自分に最適なレッスンを受けることは難しくなってしまいます。

しかし、英会話を始めたばかりの初級から中級手前ぐらいの学習者の人には十分意味があるでしょう。また、オンライン英会話の講師には若い講師が多い傾向があるので、同じような若い世代の人であれば会話が弾むかもしれません。一方でビジネスパーソンであれば物足りないこともあるでしょう。なぜならば、ビジネス経験が少ない講師では適切に質問したり返答したりして会話を広げていくことが難しいからです。

自分の英語力やニーズを考えてから、積極的に活用されることをおすすめします。

勉強時間抽出シート(3)

A4一枚でムダのない毎日の学習習慣を身につける

《勉強時間抽出シート(1)》で毎日のスケジュールの中から空いている身体の部分を探し、《勉強時間抽出シート(2)》で勉強法ごとに必要な身体の部分がわかったら、次はこの2つのシートを組み合わせて、《勉強時間抽出シート(3)》(95ページ)をつくってみましょう。

これによって、現状の生活スタイルでどれくらいの勉強時間が確保できるかがわかります。少なくとも「ながら勉強」ができる時間は確実に増えているはずです。

どうしても身体を全部使う勉強の時間が足りないと感じたら、**起きる時間を早めて勉強時間を確保する**のもいいでしょう。夜だと残業や飲み会が入るため計画が狂ってしまいがちですが、朝ならこうした邪魔が入ることはありません。

私もソフトバンク時代に、早朝の英会話スクールに1年間通いましたが、朝に勉強しようとするクラスメートたちは皆、向上心が強く、驚くほど真剣です。彼らに大いに刺激を受けて、私もわずかな時間も惜しんで勉強した結果、かなり英語力を上達させることができました。

もちろん、早朝以外にも時間を活用できるチャンスはたくさんあります。

朝食時なら耳が空いているので英語のラジオを流してもいいでしょう。通勤電車内でも耳が空いているので、スマートフォンでリスニング教材を聞きます。満員電車では難しいかもしれませんが、本を見ながらのシャドーイングもできるでしょう。

ただし、勤務時間中は仕事に集中すること。家より会社のほうが勉強がはかどるという人もいるでしょうが、勤務時間外でも会社で勉強していると変に勘ぐられたり、残業を押しつけられたりとロクなことがありません。

どうしてもというなら、朝早く出勤してするのがよいと思います。ただし、早朝のだれもいないオフィスでコソコソ何をしているんだろうと怪しむ人も出てくるかもしれませんので注意しましょう。

それでも、昼休みにスマートフォンのアプリで英語学習をやるぐらいなら、遊んでいるように見えるので問題ないでしょう。
午後は仕事に集中して、帰宅の電車の中でもリスニング。身体が自由に使える夜には、オンライン英会話に取り組むという1日はどうでしょうか。

仕事以外の時間を、みっちり勉強にあてることができましたね。もちろん無理そうだと思うなら、もう少しゆるめのスケジュールを組んでみてください。**「少し厳しいけど、なんとか続けられる」**というレベルがベストです。
注意してほしいのは、「毎日は大変だから、月水金には早起きして勉強し、火木はゆっくりしよう」などという変則的なスケジュールは立てないことです。スケジュールが一定しないのは三日坊主の最大の原因になるからです。

哲学者のイマヌエル・カントは、機械のように規則正しい生活習慣で知られていたといいます。教鞭をとっていた大学への行き帰りや、夕方に散歩する時間まできっちり正確なので、カントが歩く通り沿いに住む人たちは彼の姿を見て時計の狂いを直したと伝えられています。

そこまではいかなくても、**毎日の行動を定型化する**のは、継続して時間を効率的に活用する最も簡単な方法です。カントが残した膨大な著作の数々は、こうした親則正しい生活習慣の賜物（たまもの）なのかもしれません。

休日ならともかく、キツそうだからといって平日に寝坊する日をつくってしまうと、結局は翌日以降も起きられなくなってしまいます。習慣になってしまえば、毎日早起きするほうがラクに感じるものなのです。

曜日によって勤務時間がまったく異なる人なら別ですが、そうでなければ平日のスケジュールも毎日同じに設定し、淡々とこなしていくのが長く継続するコツといえます。

勉強時間抽出シート(3)

時間	利用法
0時〜5時	睡眠
5時〜7時	勉強(参考書)
7時〜8時	朝食(オンライン英会話)
8時〜9時	通勤(リスニング)
9時〜12時	仕事
12時〜13時	昼食・勉強(スマートフォンアプリ)
13時〜21時	仕事
21時〜22時	通勤(リスニング)
22時〜23時	夕食・入浴
23時〜0時	勉強(オンライン英会話)

▶「ながら勉強」ができる時間を確保する

▶毎日の行動を定型化する

勤務時間圧縮シート

A4一枚でムダな残業をなくす

《勉強時間抽出シート(1)~(3)》で毎日のスケジュールを見直してみたけれど、勤務時間が長すぎてどうしても勉強する時間が足りない、という人もいるかもしれません。

毎朝6時に出勤して帰宅するのは深夜、などという激務が続いていては、勉強どころか健康を損ないかねません。そこまでではないにしろ、多くの社会人にとって勉強時間を圧迫する存在はなんといっても仕事なのです。

仕事の手を抜くようなことがあっては本末転倒ですが、業務の効率を上げて勤務時間そのものを減らすことはとても重要です。

《勤務時間圧縮シート》(99ページ)を使って、**いまより1時間早く帰る方法**を探していきましょう。

やらなければいけないことをリストアップした、いわゆるＴｏＤｏリストは多くの人がつくっていると思いますが、《勤務時間圧縮シート》では**重要度を縦軸、緊急度を横軸**にとったマトリックス上にそれぞれの仕事や課題を置いていきます。

たとえば、営業資料の作成と月次定例資料の作成、さらに忘年会の手配、文具などの備品購入という仕事があるとしましょう。

営業資料は商談ですぐに必要であり、メインの仕事に関わるものですから緊急度も重要度も高いので1の位置にきます。

一方、忘年会の幹事を任された場合、年末シーズンの飲食店はあっという間に一杯になってしまうため、早めに店を決めて予約する必要があるので2の位置にきます。

こういうときになると「安くてうまくて、雰囲気もバツグンな穴場店を発掘しよう」とか、「皆をあっと言わせる余興を準備しよう」などと意気込む人もいるかもしれませんが、そんなことに時間をかけてもキリがありません。深く考えずにだれかにおすすめの店を聞いたり、フリーペーパーなどで目についた店を選んでさっさと予約してしまいましょう。当日も無難に進行できればＯＫと割り切ってください。

月次定例資料の作成は重要度は高いですが、必要になる月末までに時間があるようなら緊急度は低いので、3の位置に置きます。

ただし緊急度が低いとはいっても、締切りまで放置するのは失敗のモト。資料を集めたり、人に何かを依頼して作成することも多いので、前々から準備をしておくことが重要になります。

3のポジションにある仕事は、少しずつ進めておくことがスムーズに完了させるコツになります。

文具の購入はすでに切れているならともかく、補充であれば急ぐ必要はありません。重要度も高くはないのでポジジョンは4になります。

とりあえずはあと回しにしても大丈夫ですし、必ずしも自分でやる必要もありません。忙しいときはお互い様ですから、差し支えない範囲で周囲の人に頼んでしまいましょう。


この《勤務時間圧縮シート》は、**月曜の朝などに1週間分の仕事をおおまかに整理する**のに向いていますが、必要に応じて随時作成していけばいいでしょう。完成したシートを見ながら、具体的にどんな作業をするかを考えていくのがおすすめです。

また、このシートは仕事だけではなく、趣味やプライベートにも応用が可能です。

勤務時間圧縮シート

	重要度 高	
緊急度 低	3 月次定例資料作成	1 営業資料作成
	4 文具購入	2 忘年会手配
	重要度 低	緊急度 高

▶優先すべき事柄をはっきりさせる

忙しいビジネスパーソンには、休日やアフター5にもやるべきことやお誘いがたくさんあるものです。接待や友人との付き合い、家族サービス、そして勉強と、どれを優先すべきか迷ったときには、《勤務時間圧縮シート》の出番です。

マトリックスにやるべきことをポジショニングして、角を立てることなく上手にさばいていきましょう。

時間効率分析シート、時間投資分析シート

A4一枚で優先して取り組むべきことがわかる

TOEICのようにスコアが算出される試験は別として、通常の資格試験では合格か不合格しかありません。たとえ点数が1点しかちがわないとしても、ギリギリ合格と惜しい不合格とでは天と地ほどの差があります。

試験はオール・オア・ナッシングの世界です。**「合格するための勉強」と割り切って効率的に及第点をねらっていく**必要があります。

かくいう私自身、大学受験のときにはこうした試験に応じた「勉強の最適化」をかなり意識した経験があります。

学校の授業はまるで聞いていないし、滑り止めの大学も玉砕（ぎょくさい）。それでも、第一志望の大学に受かるためだけの勉強をして、見事現役合格しました。

こうした「勉強の最適化」にはいくつかの方法がありますが、第一に考えるのは時間の投資効率です。

仮に試験勉強が1時間しかできないとしたら、あなたは何をするでしょうか。

すでに満点がねらえる得意分野より、まったく手をつけていない科目で1問でも正解しようと取り組むのではありませんか。もしくは、いわゆる「テストのヤマ」を必死で覚えるかもしれません。いずれにしろ、1時間という限られた時間で最大の効果を得られる勉強をするはずです。

こうした**「あと1時間勉強するとしたら、何をやれば一番効率的か」**という考え方は、限られた準備期間で合格を目指すためには常に念頭に置いておくべき概念です。

出題される分野の時間効率を自分なりに分析し、《時間効率分析シート》（106ページ）をつくってみましょう。

わかりやすい例として、私が大学受験のときに実行した例を紹介しましょう。

英語の試験対策として、イディオムと長文読解、英作文について106ページのようなグラフをつくってみました。イディオムは出題されるものがだいたい決まっているし、数もそんなに多くないので、ちょっとがんばればすぐに点数が上がります。追加的な効果が最も高く、効率のよい分野といえるでしょう。

逆に英作文は、一筋縄ではいきません。英語の基礎力があればある程度の点数はねらえますが、そこから、さらに点数を伸ばすのは至難の業（わざ）です。

文法をマスターし、ボキャブラリーを増やし、なおかつ英語のセンスも養わなければ高得点は難しいのです。ですから、英作文を勉強する時間があったら他に回すほうが効率的ですし、そうすることで英作文の力も自然とアップする可能性があります。

長文読解はその中間といった位置にあるでしょう。イディオムほど効率的ではありませんが、長文は読み込むだけでも総合力が養われますし、慣れの要素も強いので時間をかければかけただけ点数の伸びが期待できる分野です。

ここまで分析できたら、大まかでいいので《時間効率分析シート》に曲線グラフを描いてみます。**縦軸が点数、横軸が投入時間**です。

イディオムのように効率のよい分野は率先して勉強するべきなのですが、短時間でかなり点数を上げられる分、あまり長い時間をかけるのは意味がありません。ある程度手ごたえを感じたら、長文読解にシフトしていくのがいいでしょう。

英作文については、この際まったく勉強しない、という態度でかまいません。不安に感じるかもしれませんが、試験に合格するには満点をとる必要はないのですから、割り切って考えましょう。

ただし、もし英作文の配点が大きくて、イディオムの配点が小さい場合は状況が変わってきます。

こうした場合に備えて、《時間効率分析シート》が完成したら、テストの配点も考慮した《時間投資分析シート》（107ページ）で最終的な時間投資配分を決めていきましょう。

《時間投資分析シート》では、**縦軸が追加的効果、横軸を配点**とするマトリックスをつくります。

《時間効率分析シート》で得られた効率と、試験の配点を組み合わせて各分野を最適な位置に置いてみたら、107ページのシートのようになったとします。

この試験の場合、長文読解の配点が非常に高く、次に英作文で、その次がイディオムになっています。こうなると最優先で取り組むべき分野に長文読解が躍り出てきます。まさにやればやるほど合格に近づく分野、ということになるでしょう。

イディオムの配点はあまり多くはありませんが、それでも追加的効果が非常に大きいので、ある程度の時間をかける価値はあるでしょう。追加的効果が小さい英作文は配点もそれほど多くはないので、やはり勉強する必要はないと判断します。


大切なのは、常に目的を達成するための近道を歩くことです。

がむしゃらに一から十まで勉強するのではなく、**配点を含めて試験の内容を研究し、確実に合格するための計画を立てる**ことが大切です。ですから、同じ英語の勉強でも目的が試験ではなく、外国人とスラスラ話せることであれば、投資配分はまったく異なります。

目標を明確化し、限られた時間を最大限に活かした時間投資で、効率よく学習を進めていきましょう。

時間効率分析シート

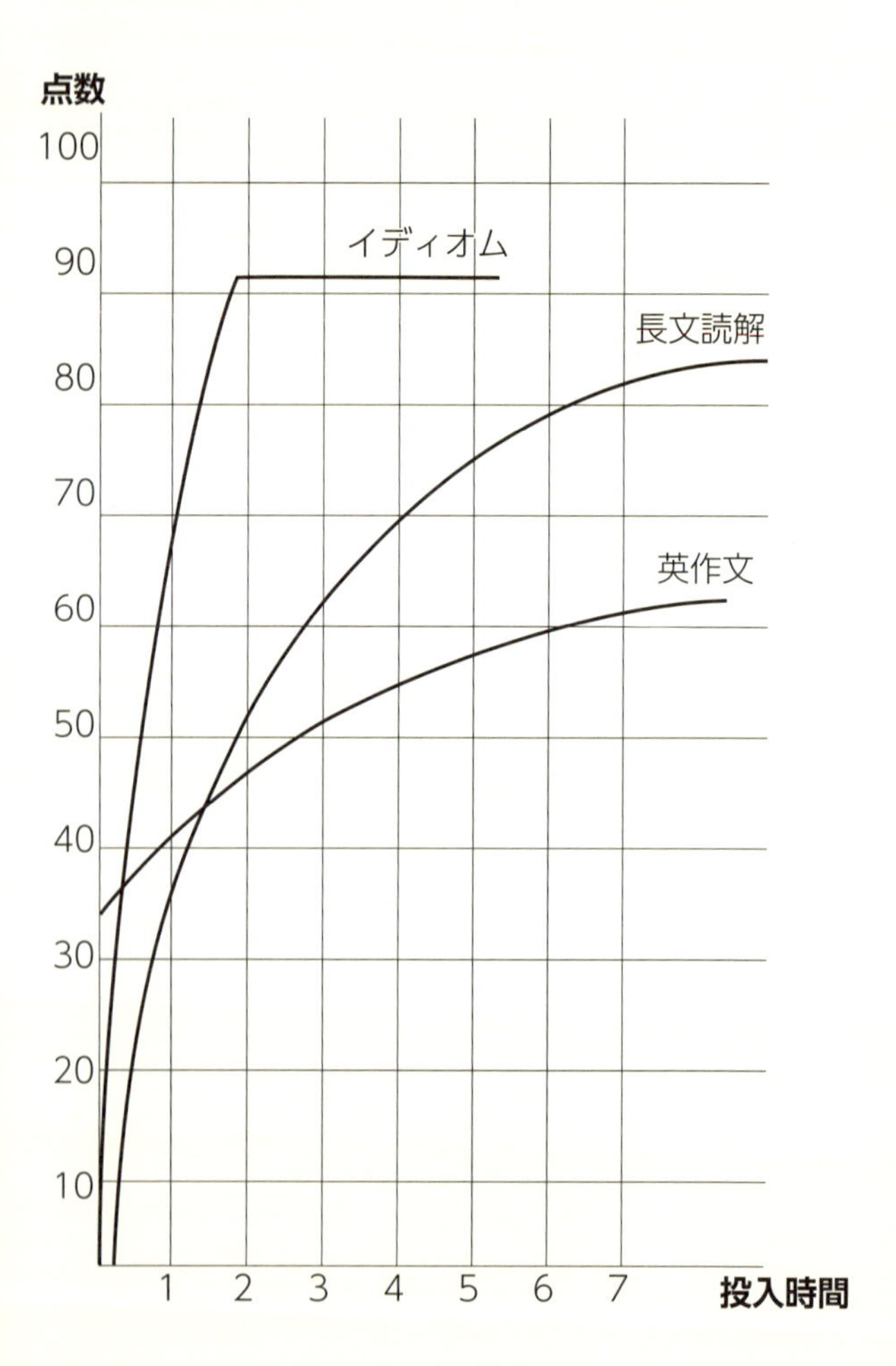

▶追加的に1時間勉強することで効果のあるところに時間を使う

時間投資分析シート

追加的効果 大

最大投資エリア	
	長文読解
イディオム	
	英作文

配点 小 ／ 配点 大

追加的効果 小

▶追加的効果小のところは、基本的に勉強しない

▶配点の大きいところに重点を置く

時間当たり効率向上1セットシート

A4一枚で最も効率が上がる勉強時間の使い方を見つける

人間の集中力の持続時間は一般的に15分間が基準といわれています。そのため、勉強や作業をするときは、**15分単位で時間を区切っていくと効率がよい**そうです。

15分やって5分休憩してもいいし、30分とか45分など15分の倍数で考えてもよいということです。

私が思うに、これはテレビの影響も大きいのではないでしょうか。

民放のテレビ番組は、どんなに集中して見ていても15分もすれば必ずCMが入ってきます。しかも多くの場合、ストーリーが盛り上がり夢中になって続きを見ようとする場面、要するに集中力が極限まで高まっているところで突然CMが入るので、集中力が強制的にそがれてしまうのです。

毎日のようにこうした番組を繰り返し見ていることで、大人も子どもも集中できる時間が短くなる傾向にあるようです。

会議が始まってから15分も経つと、軽い疲れを感じたりすることはありませんか。身に覚えがあるようなら、集中力があまり持続しないタイプである可能性があります。

そういう人は、15分勉強して5分休憩するというのを1セットとして、それを繰り返すというサイクルが合っているかもしれません。

15分の勉強というととても短いようですが、それでしっかり集中して取り組めるなら、けっして悪い勉強の仕方ではありません。細切れの勉強時間を活かす訓練にもなるでしょう。

ただし、本番の試験時間を15分単位にできるわけではないので、最終的には長い時間の勉強にも集中できるように、**少しずつ勉強時間を長くする練習にも並行して取り組む**といいでしょう。

もう少し長時間集中できる人なら、30分やって10分休憩、あるいは45分やって15分休憩というサイクルがおすすめです。最低でも《時間当たり効率向上1セットシート》（111

ページ）にある3つのパターンを一通り試し、自分が一番効率がよいと感じるベストパターンを探してみましょう。

その際は、「1章終えるのに、どれだけかかるか」というように、具体的な成果を比較してください。


なかには、「休憩時間がもったいない」と感じる人がいるかもしれません。しかし、人間は同じことを長時間続けると必ず集中力が落ちてくるので、**定期的に頭のちがう部分を使ったり休めたりすることは必要**なのです。

休憩時間が惜しいからといってダラダラと長時間勉強を続けるほうが結果的にははかどらない、ということは往々にしてあるものです。こうした「長時間派」の人も、一度はこうした他のパターンも試してみて、**自分が一番集中力を発揮できる適切な勉強時間を探してみる**べきです。

じっくり考えるときは長く、ひたすら暗記するときは短く、というように勉強の内容に応じてパターンを変えてみるのもいいかもしれません。

時間当たり効率向上1セットシート

パターン1

勉強 15分	休憩 5分

1セット当たり効率（8ページ／20分）

パターン2

勉強 30分	休憩 10分

1セット当たり効率（15ページ／40分）

パターン3

勉強 45分	休憩 15分

1セット当たり効率（23ページ／60分）

▶自分にとってベストの勉強時間と休憩時間のセットを見つける

家にいるときも同じことですが、休憩時間はオーバーしないようにきっちり守ってください。目覚まし時計や携帯電話のアラーム機能を利用するのもいいでしょう。

時間管理を徹底するには、「Studyplus」という便利なスマートフォン用のアプリがあります。iPhoneとアンドロイドの両方で利用可能です。

このアプリは、学習記録の可視化をするアプリです。学習時に教材を選んで日付、勉強時間、勉強量、コメントを入力し記録します。これで自分にあった最適な学習パターンを探ることができます。

また、これらを集計して何を何時間、ある期間、勉強したのかを集計したデータを見ることもできる優れものです。中高生に普及しているアプリですが、社会人の読者のためにも必ず役に立つアプリだと思います。一度、ダウンロードして使ってみてもらいたいと思います。

勉強場所抽出シート

Ａ４一枚で学習内容に適した勉強場所を発見する

会社で勉強するのはおすすめできないと前に述べましたが、だからといって家で勉強しなさい、と単純に片づけられるものでもありません。**自宅では勉強できないという切実な悩みを抱えている人は意外と多い**からです。

書斎をもっている人や独身の人なら問題ありませんが、子どもがいたりすると大変です。とくに都市部では、家の中で机のある場所はリビングだけというお宅も多いようですが、小さな子どもがいる家庭のリビングはとても勉強に集中できる環境ではありません。

そういう人はいったいどこで勉強すればよいのでしょうか。

《勉強場所抽出シート》（１１７ページ）を使って探していきましょう。

まずは、勉強できる可能性がある場所を、自宅と自宅外に大きく分けてリストアップしてみましょう。書斎やリビングはもちろん、トイレやお風呂、ベッドで本を読む習慣のある人ならベッドもリストに入れておきます。

自宅外なら通勤電車の車内はもちろんですが、ファミリーレストランやカフェも身近な勉強場所として人気があるようです。外回りをしている人だと、アポイントの間に空き時間ができることが多いので、そんな時間をムダなく利用するためにも非常に便利です。

ただし、店が空いているときはいいですが、混雑してくるといづらくなるし、集中できなくなるという欠点があります。実際、店にとっては勉強で長居されると回転が悪くなりますから、こうした客を嫌がることもあるようです。

そんなときには**ネットカフェが便利**です。

料金は時間制ですから、遠慮なく長居できるし、料金も1時間300円から400円程度とお手ごろ。ドリンクは飲み放題だし、インターネットが使えるので調べものやオンライン英会話も可能です。

ちょっと休憩というときにも、雑誌やインターネットで手軽に気分転換できます。席に仕切りがあって個室感覚で使えるような店だといっそう集中しやすいこともあり、私はかなり気に入って利用しています。

他にも場所は限られますが、レンタルデスクを利用する手もあるでしょう。

レンタルデスクは有料自習室とも呼ばれ、机と椅子が用意された空間を有料で借りるシステムです。1日、あるいは1か月単位で借りるシステムのところが多いようですが、ネットカフェとさほど変わらない料金で時間単位の利用ができるところもあります。

なんといっても周囲は勉強するためだけにお金を払って来ている人ばかりですから、集中できる環境が整っています。コストより質を重視するならうってつけの勉強場所といえるでしょう。

スクールに通っている人ならそこの自習室を利用できる場合もあるでしょうし、図書館が近くにあるならそれを活用するのもいいでしょう。

また、会社で勉強しても差し支えない環境であれば、職場でもいいと思います。**自分が利用できる勉強場所を考えられる限りリストアップ**してください。

それが終わったら、アクセス、予算、環境、ネット、リスニング、発声という勉強に必要な要素を横にリストアップして、交差する欄に○、△、×の評価を入れてみましょう。

書斎ならだいたい何でもできますが、家に書斎のない人ならそれをつくるには膨大なコストがかかるので予算の欄は×。リビングはうるさいので環境が悪いし、リスニングにも適していないのでこの2項目が×になります。

自宅外だとネットカフェがだいたい環境がそろっていますが、静かな店だと発声がしづらいので△をつけておきます。

すべての欄が評価できたら、すでに作成した《勉強時間抽出シート(1)〜(3)》を参照し、必要に応じて修正しながら、**最終的な勉強スケジュールと勉強場所を決定**していきましょう。これまでよりもずっと効率的な学習スケジュールが完成するはずです。

勉強場所抽出シート

	場所	アクセス	予算	環境	ネット	リスニング	発声
自宅	書斎	○	×	○	○	○	○
	リビング	○	○	×	○	×	○
	トイレ・風呂	○	○	○	×	×	○
	ベッド	○	○	○	×	×	○
自宅外	ファミリーレストラン	○	△	△	×	△	×
	カフェ	○	○	△	△	△	×
	ネットカフェ	○	○	○	○	○	△
	レンタルデスク	×	△	○	△	○	×
	会社	○	○	×	○	△	×
	通勤電車	○	○	×	×	△	×
	図書館・スクールの自習室	△	○	○	△	○	×

▶思いつくだけ場所を書き出して各観点から評価する

勉強特性シート

A4一枚でムダのないお金のかけ方がわかる

勉強には、意外にお金がかかります。書店で買った参考書だけで独学している人ならともかく、スクールや通信教育などにかかる費用はバカになりません。

勉強の方法は多数ありますが、その中で最も学習効果が高いのは、優秀な家庭教師を雇ってマンツーマンで教わることです。なんといってもこちらの理解度を見ながら体系的に教えてもらえますし、わからない点があればその場で質問できるからです。

しかし、すべての科目でそれをやっていてはお金がいくらあっても足りません。

すでに説明した《時間効率分析シート》（106ページ）や《時間投資分析シート》（107ページ）で、科目によってかける時間にメリハリをつけることをおすすめしましたが、同様に**かける費用にもメリハリが必要**です。

《勉強特性シート》（121ページ）を使ってそれを検証していきましょう。

学習の内容によっては、直接教わったほうが圧倒的に効率が高い科目もあれば、参考書を使った独学で十分理解できるものもあります。

前者であれば、多少無理をしてでもスクールに通ったほうがいいですし、逆に独学でなんとかなる科目のためにスクールに通うのはムダです。スクールにはお金がかかるだけでなく、時間にも縛られることになるので、本当に必要な科目だけに絞ったほうが効率的なのです。

自分がやろうとしている勉強が、お金をかける必要があるかどうかを分析する《勉強特性シート》では、縦軸を体系性、横軸を双方向性としたマトリックスをつくります。

体系性というのは、**広い視点で学習内容を理解する必要があるかどうか**ということです。

たとえば、司法試験は出題範囲が非常に広いうえに、個別の法律の知識だけでなく、その解釈や法的な考え方が試されるので、体系性が非常に高い勉強になります。こうした内容は本を読むだけといった独学では困難で、フレームワークをきちんと教わってはじめて理解を深められるものです。

逆に、英語のボキャブラリーを増やしたいという人なら、単にひとつひとつを覚えていけばいいだけなので体系性は低いといえます。

一方、横軸の双方向性というのは、**だれかに教わったり、質問できる環境が必要かどうかということです**。同じ英語でも会話の力をアップさせたいなら独学だけでは厳しいので、双方向性が高くなります。

体系性と双方向性が高ければ高いほど、人の手を借りたコストがかさむ勉強が必要になりますし、低いほど独学や参考書で十分ということになります。**自分のやるべき勉強が、このマトリックスのどこに位置するか**を考えてみましょう。

司法試験なら、前述した通り体系性が高いうえ、メインである論文試験はだれかに評価してもらわないと勉強が進まないため、マトリックスの右上に置かれます。

英会話も同様に、外国人相手にコミュニケーションする機会をもたないと上達は望めませんし、幅広い英語の知識が必要なので体系性も双方向性も高くなります。同じ英語でもTOEICならマークシート試験なので、体系性は高くても双方向性はさほど必要ではありません。

勉強特性シート

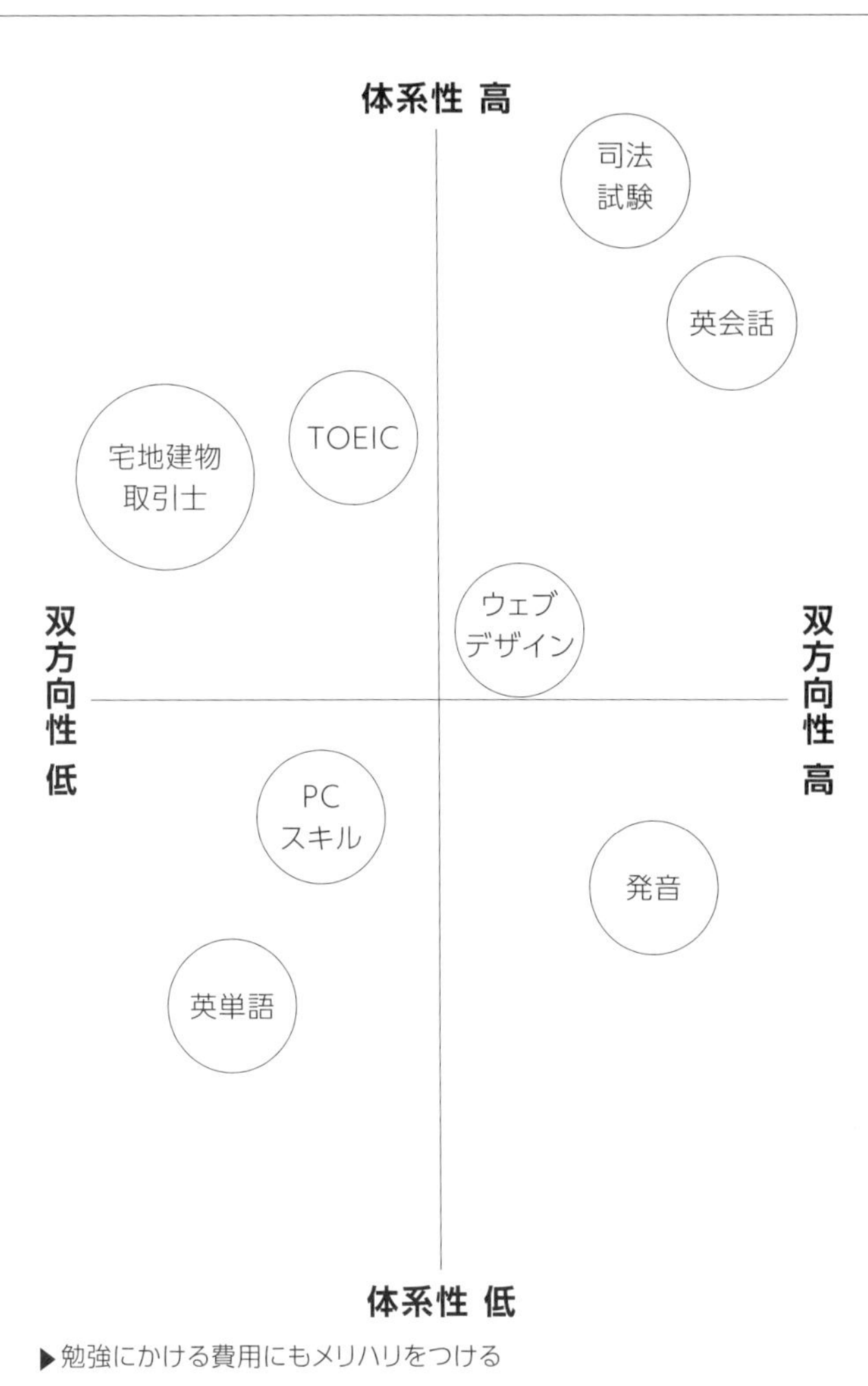

▶勉強にかける費用にもメリハリをつける

▶体系性と双方向性が高いほど、コストがかさむ勉強が必要

ウェブデザインもある程度は独学でも学べるでしょうが、人の評価も必要なので、真ん中よりやや右上寄りになります。

PCスキルはパソコンが思い通りに操作できるかどうかの問題であり、人に教わる必要もそれほど高くはないので真ん中よりやや左下にきます。

宅地建物取引士試験は、体系性はやや高めではありますが司法試験ほどではないし、試験はマークシートなので双方向性は低いと考えられます。

このように、自分がやるべき勉強の特性を分析した結果、マトリックスの右上にくるようなら多少無理をしてでもスクールに通う必要があるでしょうし、左下なら独学でも大丈夫です。右上でも真ん中あたりに近いものは、懐具合や重要度によって判断する必要があります。

勉強活用シート

Ａ４一枚で退屈な仕事も学んだ内容の検証・実践の場に変えられる

せっかく勉強しても、「つまらない仕事ばかりで、その成果を活かせない」と嘆いている人はいませんか。

勉強した内容と実際の業務が重なることはむしろ少ないもの。学んだことがすぐに業務に活かせるならだれも苦労はしないのです。無理やりでもいいので、**学んだ内容は自分自身で業務と関連づけて定着させ、活かしていかなければなりません。**

そこで活用してほしいのが《勉強活用シート》（１２７ページ）です。

左側に実際の業務、右側に勉強している内容を書き出して、左右を結びつける方法を考えてみるのです。

私が経験した例を紹介しましょう。

かつて三菱地所の広報部に在籍していたとき、新聞をスクラップするという作業に手を焼いていました。当時、広報部では業界紙や専門紙も含めて32紙もの新聞を購読していたので、毎朝7時45分に出勤してそれらすべてに目を通し、自社やライバル社に関連する記事をチョキチョキと切りとっては、スクラップしなければならなかったのです。

いまでも続けているかどうかはわかりませんが、当時の私にとってはまさに「苦行」。仕事の中でも最もムダな作業のひとつだと思っていました。

当時の私は自主的に広告や広報に関する講座を受講していたのですが、そこで学んだ内容の中で最も興味を惹いたのがパブリシティ戦略でした。

パブリシティとは新聞、テレビ、雑誌などのメディアに、自社のメリットになるような内容を取材し紹介してもらうことです。広告の掲載をお願いすれば莫大な広告料がかかりますが、パブリシティならお金はかかりません。具体的な内容やボリュームはメディアが決めることなので、こちらの思い通りにはなりませんが、場合によっては広告をはるかに上回るPR効果が見込めます。

たとえば、レストランであれば、お金を払って雑誌に広告を出すよりも、「有名人が通う極上レストラン」という記事の中で紹介してもらうほうがずっとお客さんが増えますよね。

こうしたパブリシティには、メディアの興味を惹き大きく扱ってもらうための企画やプレスリリースのつくり方など、広報マンの腕がモノをいうわけですが、そんなにたくさん企画はできないし、いきなりやってもうまくはいきません。

そこで、**毎日の新聞スクラップを利用して、パブリシティ戦略のノウハウをモノにできないかと考えてみた**のです。

そこで実践したのが、毎日の新聞掲載記事のサイズ予想です。自社はもちろん他社のプレスリリースを見て、それがどのぐらいの扱いの記事になるかを毎日予想し、翌朝のスクラップの仕事でそれを確認するという練習を始めました。

それを続けていくとどうでしょう、プレスリリースに一通り目を通しただけで、それがベタ記事になるか、写真つきで大きく扱われるかがだいたいわかるようになったのです。同じような内容でも、プレスリリースの書き方次第で扱いが変わるということにも気づきました。

広報マンとしてどう企画し、発信すればメディアに大きく取り上げてもらえるかがわかってきたのです。

講座を受けるだけではピンとこなかった実践的な戦略を日々分析し、検証していたわけですから、この訓練はすぐに仕事に役に立ちました。実際、私が広報戦略を担当していた当時、無料のパブリシティを企業ごとに広告換算する調査結果で、三菱地所が不動産業界で断トツのナンバーワンになったのです。

退屈で大嫌いだった仕事が、ちょっとしたアイデアで実際の成果へと結びつける役割を果たしてくれるようになったのです。

学習したフレームワークをフル活用して仮説を立て、検証していく練習を繰り返すことは、どんな仕事にも応用できます。

たとえば倉庫の棚卸しばかりやらされている人も、在庫が増えたり減ったりする理由やタイミングについて、そのつど仮説を立てて検証してみてはいかがでしょうか。

このシートは必ずしも勉強を仕事に役立てるためだけでなく、業務を勉強に活かすという逆方向に利用してもいいでしょう。

勉強活用シート

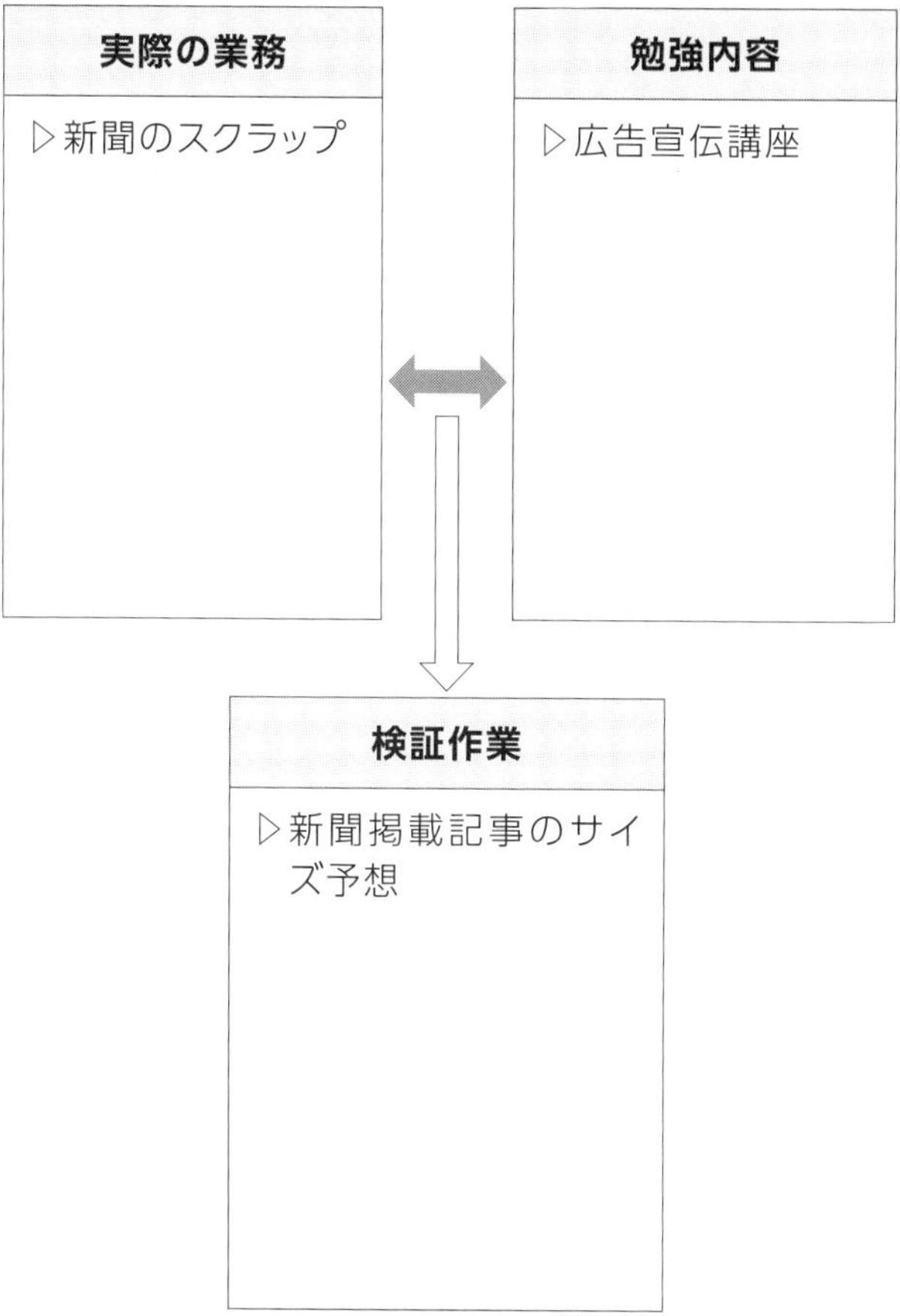

実際の業務

▷新聞のスクラップ

勉強内容

▷広告宣伝講座

検証作業

▷新聞掲載記事のサイズ予想

▶実際の業務と勉強内容を書き出して、その間をつなぐ検証作業をする

試験1週間前・試験前日チェックシート、試験当日チェックシート

A4一枚で不測の事態を回避し、万全の態勢で試験に臨む

さあ、いよいよ試験の日が近づいてきました。勉強に追い込みをかけるのもいいですが、そろそろ落ち着いて本番を迎える準備を整えなくてはなりません。

子どものころ、遠足や修学旅行の前日に持ち物のチェックシートを渡された記憶はだれにでもあるでしょう。何かひとつを忘れただけでも楽しい行事が台無しになってしまうことがありますが、これは大人になっても同じです。むしろ準備不足がもたらすダメージという意味では、大人のほうがはるかに大きく、**受験という局面ではたったひとつの忘れ物や確認モレが致命傷にもなりかねません。**

これまでの勉強の成果を台無しにしないためにも、《試験1週間前・試験前日チェックシート》（132ページ）と《試験当日チェックシート》（133ページ）を使って、万全の準備を整えましょう。

試験の1週間前が近づいたら、《試験1週間前・試験前日チェックシート》で、**当日の行動予定を確認し、本番に向けたコンディション調整を始めましょう。**

インターネットなどを利用して試験会場への経路や所要時間を確認し、宿泊が必要ならホテルの手配をします。この場合、可能であれば前日ではなく2日前に現地入りしてください。下見もできて心に余裕が生まれます。

また、いつもは夜型生活を送っている人が試験本番だけ早起きしても、バイオリズムのちがいで実力を発揮できない場合もあります。

試験当日のスケジュールが普段とちがうようなら、遅くとも1週間前から本番の日に合わせた生活をして、試験の時間帯がベストコンディションになるようバイオリズムを整えましょう。

寝る時間を変えるのは意外と難しいので、まずは起きる時間を早めるのがスムーズに朝型に移行するコツです。詳しくは《睡眠の質チェックシート》（183ページ）を参照してください。

本番の日の持ち物をリストアップした《試験当日チェックシート》も、この時期までにつくっておきます。足りないものがあれば早めに購入し、チェックシート自体にモレがないかもよく確認しておきましょう。

試験当日が近づくと、勉強不足の分野があるのではと不安を感じたり、実力を試してみたくなるかもしれませんが、この時期からはけっして**新しい問題集などに手をつけてはいけません**。できない問題があったりすると必要以上にあせってしまい、ろくなことがないからです。

それよりも、すでに何度も繰り返した問題集や過去問を再確認し、**これまで積み重ねてきた勉強を定着させていく**ほうがずっと効果的です。

過去問に取り組む際は、本番をイメージして正確に時間を区切り、時間の感覚やペース配分を改めて確認しておきましょう。

前日になったら、当日の天気予報やスケジュールを確認します。できればこの日までに試験会場までのルートを、本番と同じ時間帯に下見しておくといいでしょう。

そして、《試験当日チェックシート》で足りないものがないかもチェックしてください。

受験票はもちろんですが、鉛筆削りやシャープペンシルの替え芯は忘れやすいもの。マークシートの場合は、シャープペンシルよりも濃い鉛筆のほうがスムーズにマークできるのでおすすめです。また、消しゴムは落としたりする場合に備えて2個用意しておくと安心です。

最近は、時計を持ち歩かずに携帯電話を時計代わりにしている人も多いようですが、試験会場では携帯電話を机に置くことは許可されないケースが多いので、時計は忘れないよう注意しましょう。

午前と午後にわたる試験の場合、試験会場の近くのレストランやコンビニはたいてい混雑しているので、昼食や飲み物はあらかじめ用意して持参するほうが安心です。また、集中力や思考力を発揮するには糖分を補給すると効果的なので、試験が長時間にわたる場合はアメやキャラメルなどのおやつを持参して休憩時間に食べるのもいいでしょう。

冬場の試験では足が冷えると試験に集中できないことがあるので、冷えやすい人はマフラーやひざ掛けなどを持参して身体を冷えから守ることが大切です。夏でも冷房が苦手な人は、カーディガンなどの羽織りものを持参するようにしましょう。

試験1週間前・試験前日チェックシート

1週間前

チェック	項目	備考
□	宿泊	2日前の現地入りがベスト
□	経路下見	インターネットを活用
□	当日チェックシート作成	
□	当日チェックシート購入	
□	バイオリズム	試験当日と同じに
□	新しい問題はやめる	
□	過去問演習	

前　日

チェック	項目	備考
□	天気予報確認	
□	当日チェックシート確認	
□	スケジュール確認	
□	試験会場下見	本番と同じ時間帯に

試験当日チェックシート

チェック	項目	備考
□	受験票	最も重要
□	鉛筆・シャープペン	硬さ（HBなど）に注意
□	鉛筆削り・替え芯	鉛筆かシャープペンに合わせて
□	消しゴム2個	2個あると心強い
□	時計	携帯電話は机に置けないので
□	財布	お金で対応できることも
□	電卓（許可のある場合）	使い慣れた電卓が必要
□	携帯電話	緊急時などに
□	昼食	持参が安心
□	飲み物	自販機が混む場合も
□	バス・電車時刻表	時間による
□	会場までの地図	はじめてなら必要
□	おやつ	休憩時間に食べるとよい
□	カイロ	寒い場合は重宝
□	雨具	急な天候変化も
□	マフラー・ひざ掛け	足が冷えると困ることも

さすがに財布を忘れる人はいないと思いますが、その中身はある程度余裕をもっておくと安心です。電車が遅れた場合にタクシーを使うなど、何かトラブルが発生したときにもお金があればどうにか解決できることが多いからです。

そのほか、携帯電話、バスや電車の時刻表、会場までの地図、カイロや雨具なども準備しておけば万全です。

当日になったら、**出かける前にもう一度、《試験当日チェックリスト》で忘れ物がないかを確認**して、いざ出発！

これだけバッチリ準備をしておけば、あとは試験に集中するだけ。がんばりましょう！

第 3 章

「A4一枚」で英語をマスターする

英語４本柱シート

Ａ４一枚で必要な教材を絞り込む

私の後輩に熱心な英語学習者がいます。英語の本ばかりこれまでに１００冊以上も読んでいるのですが、残念ながらまだ流暢（りゅうちょう）な英語を話せるまでには至っていないようです。

彼の英語が上達しない原因はふたつ考えられます。

ひとつは、目標とそれに適した勉強法が明確に定まっていないこと。

単に「英語が話せるようになりたい」というような漠然とした目標ではモチベーションを維持できないし、最適な勉強法を選び出すのも難しくなります。英語の本を読むこと自体は読解力やボキャブラリーを磨くのには適しているし、確実に英語力を底上げしてはくれますが、忙しい社会人が選ぶ勉強法としてはちょっと遠回りすぎるのです。

もうひとつの原因は、教材をつまみ食いしすぎることです。あれもこれもと手をつけるより、本なら１冊、リスニング教材なら**ひとつだけを選んで完璧にマスターするまで繰り**

返し学習するほうがはるかに効果的です。

語学を本気でマスターしたいと思うなら、《英語4本柱シート》（139ページ）で**目標を明確化し、使用する教材を絞り込んでいく**ことが第一歩です。

まずは、英語をマスターしてどうしたいのか、という具体的な目標を書き込みましょう。「TOEICスコア800」でもいいですし、「外国人を相手にプレゼンする」でもいいでしょう。漠然とした夢ではなく、目標を叶えた自分を具体的にイメージできる内容がベストです。

ここでは、「英語で会議を仕切りたい」としましょう。

次に、そのために使用する教材をリストアップしていきます。

英語のスキルは、「聞く」「話す」「書く」「読む」の4つの要素で構成されており、それぞれのスキルを磨く教材をひとつずつ選んでいくのが基本になります。

もともと日本人は、「書く」と「読む」についてはそれなりの教育を受けており、ある程度のスキルを備えています。したがって、「書く」なら実務上のメールのやりとりを通して練習するというレベルで十分です。

「読む」もTOEICを目指す人には大切な要素ですが、「英語で会議を仕切る」という目標の実現に対してはさほど重要なスキルではありません。

英語の資料に慣れるために多少は英文に親しむ必要はありますが、ここでペーパーバックを選ぶのはナンセンス。仕事に関係する英文を読んで海外の最新事情をキャッチするほうがずっと目的にかなっています。

たとえばIT業界で働く人なら、ITニュースサイト「TechCrunch」(https://techcrunch.com/)をときどきチェックすると、専門用語や最新事情もわかるので一石二鳥です。

一方、「話す」は非常に重要ですが、独学だけでは限界があります。スクールやオンライン英会話を利用して、**アウトプットの機会をなるべく多く設ける**ようにしてください。

そして、会議のファシリテーターにとって最も大切なスキルは「聞く」ことのため、**リスニングの勉強に最も時間を費やす**必要があります。

聞くことはコミュニケーションの基本であり、聞きとれない音は発音できませんし、会

英語4本柱シート

時　期	2018年末までに
レベル	英語で会議を仕切りたい

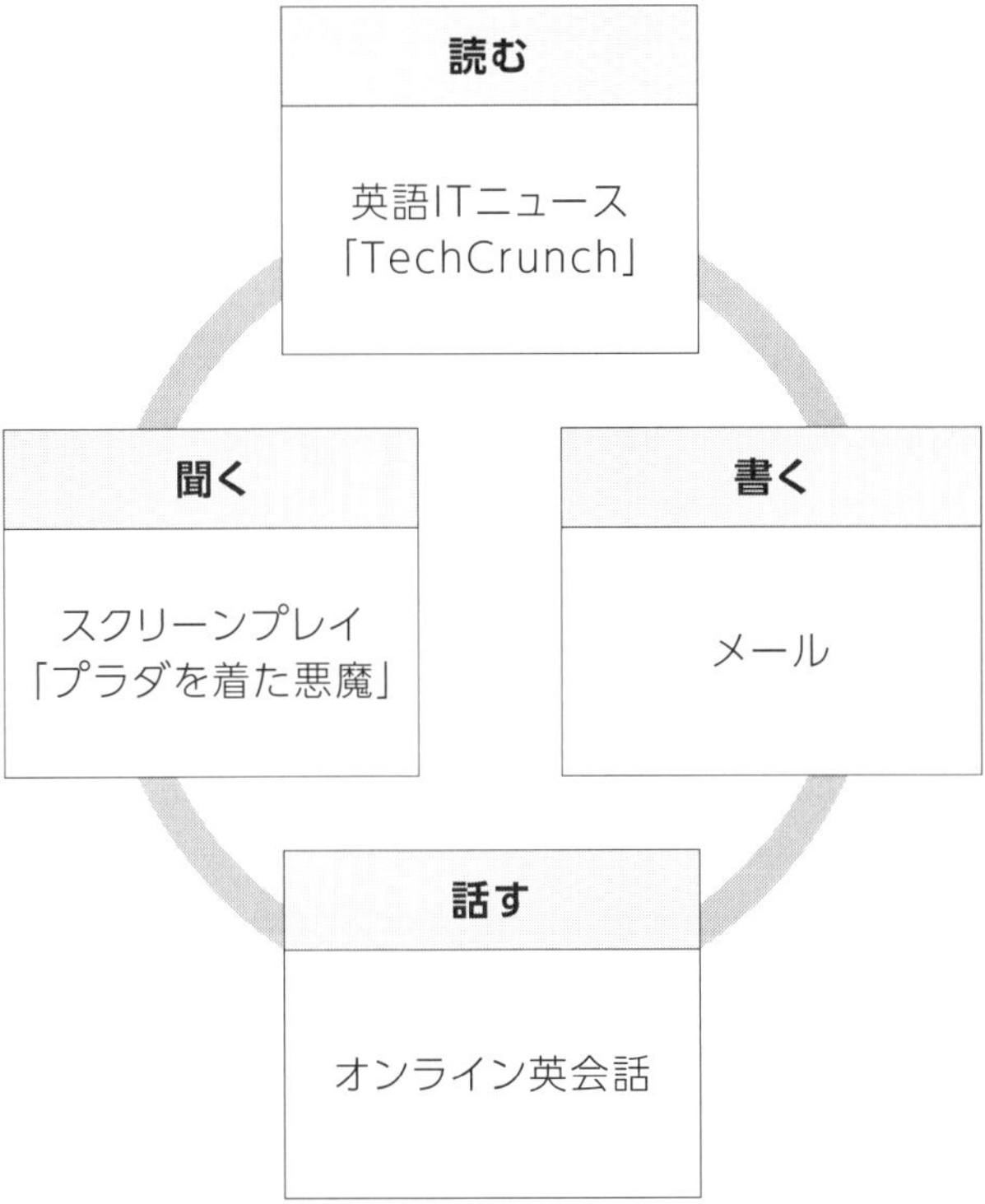

読む
英語ITニュース
「TechCrunch」

聞く
スクリーンプレイ
「プラダを着た悪魔」

書く
メール

話す
オンライン英会話

▶目標に合ったものを選ぶ

話も成り立ちません。逆に文章の成り立ちまできっちり聞きとれるようになれば、すぐに話せるようになるものです。

目標にもよりますが、「聞く」は優先順位を最も高く設定すべきスキルになります。それだけに、教材選びには慎重になる必要があります。

ここでは「プラダを着た悪魔」という映画を選びました。なお、リスニング教材の選び方については次の項《「聞く」教材チェックシート》で詳しく説明します。

語学の勉強はゴールが見えにくいものです。だからこそ明確に目標を定め、4つのスキルごとに使う教材と、それぞれにかける時間のバランスを決めてから学習を始めるのが、上達の近道といえます。

「聞く」教材チェックシート

Ａ４一枚で最適なリスニング教材を選び出す

「聞く」「話す」「書く」「読む」の４つの要素の中でも、**「聞く」はコミュニケーション力のアップを目指す日本人学習者には最も力を入れてほしいスキル**です。

ただし、前項で説明した通り、教材を使いすぎては逆効果です。あくまでも教材はひとつに絞り込んで、それを完璧にマスターするまで繰り返すのが成功への近道です。それだけに教材選びは慎重に行なわなければなりません。

リスニングの練習だからといってＢＧＭのように聞き流しているだけで、勉強した気になってはいませんか。

「赤ちゃんが言葉を覚えるように英語を覚える」などという人がいますが、赤ちゃんが英語で会議を仕切れるようになるまでいったい何年かかるでしょうか。

24時間365日聞き流しているのであればある程度の効果があると思いますが、時間が限られている以上、チンプンカンプンのゼロ状態から英語のシャワーを浴びるよりも、すでに身につけている英語の知識と結びつけながら聞いていくほうが効率がよいに決まっています。もちろん、聞かないよりは聞いたほうがずっといいわけですが、あくまでも補助的に空いた時間で英語のBGMを流すというのが賢い方法です。

それでは《「聞く」教材チェックシート》（145ページ）を使って、教材選びを始めましょう。

このシートにはリスニング教材に必要な条件が7つ書かれているので、この条件にすべて合致するものを選び出します。専用の教材でなくても、この条件を満たせば映画でもテレビ番組でもだれかの講演でも、何でもかまいません。

リスニングの学習は、何も見ないで聞きとる練習と思う人も多いようですが、私はこうした練習にそれほど意味があるとは思いません。むしろ英文とにらめっこしながら、何度も何度も聞くことに意味があると思います。

出てくる**単語の意味や構文はすべて覚え、耳から完全な文章として理解できるまで徹底**

して聞き、最終的には全文をそらで暗唱できるくらいまで徹底して聞くのです。ここまでなるには、1本の映画でも半年ほどかかってしまうかもしれませんが、自分に合った映画のセリフを完全に理解するまで聞き込めば、リスニング力だけでなく会話力も格段にアップします。

要するに、「聞きとる」ことよりも、**「聞こえてきた英語を完全に理解する」**ことを目指すのです。

だからこそ、教材は自分が興味をもてる内容のものにし、その目的に合ったものを選んでください。

「英語で会議を仕切る」のが目的なら、ビジネス英会話教材にこだわらなくても、ビジネスの現場が舞台の映画、たとえば「プラダを着た悪魔」はどうでしょうか。アン・ハサウェイ扮(ふん)する主人公になりきって、すぐにでもビジネスで使えそうなセリフを練習すると、ビジネスシーンでのあいさつから交渉術まで、バラエティ豊かな表現を覚えられます。

ただしこの場合は、「スクリーンプレイ」のようにすべてのセリフと日本語訳を掲載したシナリオ本が入手できるものに限ります。

また、セリフも標準的な英語でなければいけません。主人公が地方出身という設定で訛（なま）りが強かったり、スラングばかりという映画は避けましょう（訛りやスラングを覚えるのが目的という場合は別ですが）。

また、教材は自分のレベルに合っていることも大切です。

一度聞いただけで全部理解できてしまったり、逆にまったく聞きとれないのでは学習効果があがりません。**多少は理解できるぐらいがちょうどいいレベル**です。

また、うまく聞きとれない個所を区切って反復できるスマートフォンアプリもありますし、ＩＣレコーダーも同じような機能が付いたものもあります。

リスニングは時間を惜しまずたっぷり行なうことが大切です。次の項ではこうしたリスニングにかける「時間」について説明していきましょう。

「聞く」教材チェックシート

チェック項目	評価	
1　自分が興味をもてる内容か?	YES	NO
2　自分の目標に合致しているか?	YES	NO
3　音声に忠実な英文テキストがあるか?	YES	NO
4　日本語訳があるか?	YES	NO
5　標準的英語か?	YES	NO
6　ある程度は聞きとれるか?	YES	NO
7　区切って反復しやすいか?	YES	NO

▶7つの条件すべてに合致する教材を選ぶ

英語学習時間確保シート

A4一枚で1000時間の英語学習時間を確保する

日本語と英語は、単語も文法もまったく異なります。

そもそも考える順番からして逆だったり、日本人は主語をあまり意識しないで「場」を主語にしてなんとなく発話しています。

そのため、英語を耳から完全に理解できるようになるには、約1000時間程度のリスニングが必要という説もあります。たしかに私の経験からいっても、このぐらいの時間を費やしてようやく脳に聞きとれる回路ができてくるように思います。

ただ、この1000時間という数字は、だらだらと長時間かけて達成してもあまり意味がありません。

コツコツと毎日30分英語の勉強をしているという人がいるとして、その人が1000時間の学習を達成するにはどのくらいかかると思いますか。なんと約6年です。

勉強時間を倍にして1日1時間学習したとしても、それでも3年もかかってしまいます。いつまでに英語をマスターする必要があるかは人によってちがうでしょうが、普通に考えれば、これでは時間がかかりすぎると思います。

英語を本気でマスターしようと思うなら、1年で決着するべきです。

厳しいことを言うようですが、1日30分ぐらい勉強していても、それは気休めにすぎません。現状維持はできても、それだけでは永遠に話せるようにはならないと思ってください。

本当の実力を身につけたいならば、そのために必要な勉強時間を計算し、計画を立てて短期集中で取り組むべきです。それこそ**死に物狂いでやらなければ身につかない**のです。

たとえば1年で1000時間を達成するなら、1週間に換算すると20時間の勉強が必要です。このくらいの時間ならば、通勤の往復時間と、早朝と夜に学習時間をとれば、平日だけでもなんとか達成は可能な数字です。

《英語学習時間確保シート》（149ページ）で**1週間の学習スケジュールを立て、なんと**

か20時間を確保するようにしてください。

このとき注意してほしいのが、土日の使い方です。平日に4時間も学習時間をとるのはたしかに大変ですが、本来は身体を休めたり家族サービスをするべき土日にもさらに勉強するのはもっとキツイものです。

平日に早起きしたり、多くの勉強時間を割くのははじめはつらく感じるでしょうが、慣れてしまえばそれが当たり前になってきます。ですから、「月水金は早起きして勉強し、火木の朝はゆっくりしよう」という変則的なスケジュールも失敗のモトとなります。**平日は、それが当たり前になるまで毎日同じスケジュールで過ごしましょう。**

ただし、体調が悪い日もあるでしょうし、夜に残業や付き合いが入ることもありますから、土曜はそれを補う調整日と位置づけてください。そして日曜には勉強しない。学習にもメリハリが大切です。

自慢じゃありませんが、私が英語を勉強していたときは平日の早朝に1時間の英会話レッスンに通っていました。さらに、往復2時間の通勤電車の中で本を見ながら必死にリス

英語学習時間確保シート

<table>
<tr><th></th><th>月</th><th>火</th><th>水</th><th>木</th><th>金</th><th>土</th><th>日</th></tr>
<tr><td>00:00–05:00</td><td>睡眠</td><td>睡眠</td><td>睡眠</td><td>睡眠</td><td>睡眠</td><td>睡眠</td><td rowspan="10">自由時間</td></tr>
<tr><td>05:00–07:00</td><td>**勉強**
(リスニング)</td><td>**勉強**
(リスニング)</td><td>**勉強**
(リスニング)</td><td>**勉強**
(リスニング)</td><td>**勉強**
(リスニング)</td><td>睡眠</td></tr>
<tr><td>07:00–08:00</td><td>朝食他</td><td>朝食他</td><td>朝食他</td><td>朝食他</td><td>朝食他</td><td>睡眠</td></tr>
<tr><td>08:00–09:00</td><td>**通勤**
(リスニング)</td><td>**通勤**
(リスニング)</td><td>**通勤**
(リスニング)</td><td>**通勤**
(リスニング)</td><td>**通勤**
(リスニング)</td><td>睡眠</td></tr>
<tr><td>09:00–12:00</td><td>仕事</td><td>仕事</td><td>仕事</td><td>仕事</td><td>仕事</td><td>**勉強**
(調整)</td></tr>
<tr><td>12:00–13:00</td><td>**勉強**
(スマートフォンアプリ)</td><td>**勉強**
(スマートフォンアプリ)</td><td>**勉強**
(スマートフォンアプリ)</td><td>**勉強**
(スマートフォンアプリ)</td><td>**勉強**
(スマートフォンアプリ)</td><td>自由時間</td></tr>
<tr><td>13:00–21:00</td><td>仕事</td><td>仕事</td><td>仕事</td><td>仕事</td><td>仕事</td><td>自由時間</td></tr>
<tr><td>21:00–22:00</td><td>**通勤**
(リスニング)</td><td>**通勤**
(リスニング)</td><td>**通勤**
(リスニング)</td><td>**通勤**
(リスニング)</td><td>**通勤**
(リスニング)</td><td>自由時間</td></tr>
<tr><td>22:00–23:00</td><td>自由時間</td><td>自由時間</td><td>自由時間</td><td>自由時間</td><td>自由時間</td><td>**勉強**
(調整)</td></tr>
<tr><td>23:00–24:00</td><td>**勉強**
(参考書A)</td><td>**勉強**
(参考書A)</td><td>**勉強**
(参考書A)</td><td>**勉強**
(参考書A)</td><td>**勉強**
(参考書A)</td><td></td></tr>
</table>

▶1週間で20時間のリスニング時間を確保する

ニング。それでも飽き足らず、家から駅まで歩く時間にも、まるで二宮金次郎のように本とにらめっこしながらリスニングしていたものです。

これだけの時間をかけて私が何を聞いていたかというと、1本の映画でした。半年間、毎日同じ映画のセリフをひたすら聞いて、読んで、話して勉強したのです。

2時間の映画は生きた表現の宝庫で、すぐにでも使えるフレーズばかり。半年かけても飽きることはありませんでした。

わずか1年でも、このぐらいやれば必ず英語は話せるようになります。

《勉強時間抽出シート(1)〜(3)》(85、89、95ページ)や《勤務時間圧縮シート》(99ページ)も参考にして、なんとか学習時間を捻出してみてください。

英語交渉シート

A4一枚あれば、英語での交渉だって怖くない

本気で英語をマスターするには1000時間の勉強が必要と述べましたが、ビジネスではそんな悠長なことを言っていられない場面が多々あります。

「いまから電話をかけて英語で交渉しなければいけない」「明日の会議で英語でのスピーチを命じられた」。そんな緊急性を要する局面を乗り切らなければならないこともあるでしょう。

そんなときでも《英語交渉シート》（155ページ）があれば大丈夫。まずは落ち着いて、シートを作成してみましょう。

私自身、英語はある程度身につけた自信はあるものの、外国人と議論や交渉をする際に相手の言うことを100％聞きとれるとか、すべての発言に対して当意即妙に言い返せる

というレベルではありません。何を言っているのかわからないこともあれば、答えに詰まることだってあります。

それでも、自信をもって言えるのは、私は絶対に交渉で負けないということです。

そもそも、なぜ英語で議論や交渉をしなければならないかというと、問題を解決したりこちらの要望を受け入れてもらうためです。別に英語がペラペラなところを自慢するためではないので、スラスラ話す必要などまったくありません。**言いたいことをしっかり伝えるという目的さえ間違えなければ、まず負けることはない**のです。

たとえば、私が過去に経験した例でいうと、Yahoo! BBの品質管理部長を務めていたころ、「BBフォンで通話中に雑音が入る」というクレームが多く寄せられたことがありました。調べてみると、どうやらモデムが原因らしく、不具合は特定のロットに集中していることがわかったのです。モデムの品質が一定していないのが問題のようでした。

そのモデムを製造していたのは、中国の工場でした。最初は部下がメールや書面でやりとりをしていたのですが、一向に埒（らち）が明きません。

そこで、《英語交渉シート》をつくって、先方の責任者に電話をかけることにしました。

シートには、**「テーマ」「事実」「結論」の３つの項目を明快な英文にして書き込むだけです。**

この場合、テーマは「製品の品質に問題がある」、そして事実は、「品質が一定しないためにコールセンターに苦情がきている」。最後に結論として、「こちらから品質管理チームを派遣して原因究明と解決をはかる」という提案になります。

これらを記入した《英語交渉シート》を手元に置いて、話を始めるわけです。要はカンニングシートです。

ここで、用心深い人はもっと詳しい想定問答集のようなものをつくりたくなるかもしれませんが、そこまでする必要はありません。詳しすぎてどこを見ればいいかわからなくなっては意味がないからです。

このシートの目的は、自分の言いたいことを明快にしておくことで、これさえブレなければなんとかなるものなのです。

相手はいろんな言い訳をするかもしれませんし、話をそらしたりごまかしたりといろんな手を使ってくるかもしれません。何の話をしているのかわからなくなってくることもあるでしょう。

そんなときは、この《英語交渉シート》を見ながら、書いてある内容をしつこく読み上げるくらいでいいのです。おかげさまで、このときは無事に品質管理チームを派遣し、問題を解決することができました。

英語に限らず日本人相手の交渉でも、言いたいことがたくさんあったのに、うまくごまかされてなんとなく話が終わってしまった、という経験はありませんか。

このシートは、英語で話すときだけではなく、日本語で交渉するときにも非常に役立ちます。「テーマ」「事実」「結論」をメモしたシートを手元に置いて**言いたいことを明確にしておくだけで、相手のペースに惑わされることなく交渉を有利に進められる**のです。

英語交渉シート

テーマ	I have some reservations about the quality of your product. 私は、貴社の製品品質について懸念があります。
事実	The biggest problem in our contact center is the variable product quality. わが社のコールセンターでの最大の問題は、製品品質のバラつきです。
結論	My proposal is that I send my QC team to your factory in China. 私の提案は、わが社のQC（品質管理）チームを貴社の中国工場へ派遣することです。

▶言いたいことを3つに分けて事前に準備しておく

場面言い回しシート

Ａ４一枚で英語でのプレゼンに自信をもてる

プレゼンテーションのように、一人である程度のボリュームの発表をしなければならない場合は、《英語交渉シート》の内容だけではちょっと足りないかもしれません。とはいっても、シナリオのように発表する内容すべてを英文にする余裕などないでしょうし、棒読みになってしまってはむしろ逆効果です。

こういうときは《場面言い回しシート》（159ページ）を使って、要所要所をビシッと決めておきましょう。

一般的なプレゼンの場合、まずは自社の紹介をしてから本題の前置きに移り、結論を示し、その根拠を説明し、最後にまとめる、といった流れで進むことが多いでしょう。**自社の紹介は毎回基本的には同じこともあり、《場面言い回しシート》に事前に英文で記入し**

ておくのです。これもカンニングペーパーですね。

ビジネスの現場では、第一印象は非常に大切です。こちらが「ちゃんと英語で話せるだろうか、納得してもらえるかな」とガチガチに緊張しているようなときは、相手方も「この人、英語大丈夫なのかな」くらいの不安は感じているものです。

そこで、堂々とした第一声を放つことができれば印象がグッとよくなって、相手方も安心して聞いていられるようになります。最初をきっちり決めたことで緊張も解けるので、その後は「カンペ」がなくてもスラスラと説明ができるようになります。

ここまでくればあとで少しぐらい失敗しても、お互いさほど気にならなくなるものです。念のため話題が変わるときの冒頭だけでも言い回しを決めて書いておくと、話題が転換する重要な場面での失敗を防げるのでより安心です。

このとき、**冒頭の言い回しや要点に加えて、説明の中で必要な数字を書きこんでおく**のもおすすめです。

英語でのコミュニケーションはさほど不自由しないレベルの人でも、数字を英語に変換するのを難しく感じている人は多いもの。たとえば、「我々の部門は総売上の30％を占める」くらいならわかりやすいでしょうが、「100万ドルの黒字」や「市場規模は840億円」「今四半期は350万ケースを出荷見込み」などのように、数字が大きくなってくると日本語とは数え方がちがうので、慣れない人は混乱してしまいます。

また、たとえ小さい数字であっても、あなどってはいけません。欧米と日本では、単位がまったく異なるからです。

私も以前、日本進出を考えている外国人ビジネスマンの訪問を受けたとき、「このオフィスはちょうどいい広さですね。何平方フィートくらいあるんですか?」と聞かれ、困ってしまった経験があります。1フィートが約30センチであることは知っていても、オフィスの広さを平方フィートに換算したことなんてなかったからです(坪数でよければすぐに答えることができましたが……)。

このぐらいなら笑って済ませられますが、プレゼンや交渉の場で重要な数字が言えなかったり理解できなかったりすると大変です。それまでスムーズに英語で話せていたのに、**数字だけが苦手というのは理解されにくく、致命的なミスに**つながるおそれもあります。

場面言い回しシート

テーマ　自社の説明

Our department accounted for 30% of total sales.

我々の部門は総売上の30%を占める。

Our Sales grew by 40% year over year.

我々の売上は、年々40%で成長してきた。

Sales growth of at least 35% is expected for FY18.

2018年の売上高成長率は、35%を見込んでいる。

An aggressive promotion pushed up sales management costs by 62% .

積極的なプロモーションが販売管理費を62%押し上げた。

We made a small profit of $1M.

われわれは、わずか100万ドルの黒字だ。

The market of this segment is about 84 billion yen.

この分野の市場規模は840億円ある。

3.5 million cases are expected to be shipped in the current quarter.

今四半期は350万ケースを出荷する見込みだ。

▶前置き、結論、根拠といった一連のプロセスの冒頭のセリフを記入する
▶説明の中で必要な数字も書き込んでおく

慣れないうちは重要な数字を《場面言い回しシート》に必ず加えておきましょう。業界によっては独特の単位もあるでしょうから、あらかじめ調べておくのも忘れずに。
とくに重要な数字の場合は、その場でホワイトボードにも書き出すなどして、さりげなく確認するとより安心です。

また、プレゼンの内容はそのつど異なりますが、自己紹介や会社の説明は毎回必要になるものです。一度ネイティブに見てもらうなどして、**自分や自社を印象づけるとっておきの紹介フレーズをつくっておく**といいでしょう。

専門単語シート

Ａ４一枚ですぐに役立つ自分専用辞書をつくる

業界によって程度の差こそあるでしょうが、ビジネスの現場では数多くの専門用語が飛び交います。

ＩＴ、金融、物流、技術など特定の分野に関わる人なら当たり前に使っている言葉でも、いざ海外の取引先やクライアントとやりとりする際に使おうとすると、何と言えばいいのか皆目見当がつかない、という経験をもつ人も多いのではないでしょうか。しかも、そんな**重要な専門用語に限って辞書には載っていない**ので困ったものです。

たとえば、「高温保存試験」という技術系の専門用語があります。これは製品を長時間、高温の環境下で保存して耐久性を評価する試験で、メーカーに勤務する人やものづくりに携わる人にとっては常識ともいえる言葉です。これを英語で言うと、「high temperature storage test」となります。

この中に難しい単語はひとつもありません。high（高い）もtemperature（温度）もstorage（貯蔵）もtest（試験）も多少なりとも英語を知っている人ならどうってことのない単語なのに、組み合わさると何のことだかまったくわからなくなってしまいます。わかってしまえば「なんだそんなことか」という程度の単語ではありますが、これはもう知っているか知らないかだけの世界なので、とにかく覚えるしかありません。

外国人とのミーティングで使うことが予想される専門用語については、事前に《専門単語シート》（165ページ）をつくっておくことをおすすめします。要するに**自分だけのちょっとした辞書をつくって、予習をしておく**のです。

こうした用語は普通の辞書を引いても見つからないことが多いのですが、インターネットで検索するといくらでも出てくるものです。

たとえば、技術の分野であればアメリカの調査会社のガートナーの「IT Glossary」(https://www.gartner.com/it-glossary/) という詳しい用語集があります。

うまくヒットしない場合は、グーグルの検索オプションで言語を英語に設定して、日本語で「高温保存試験」と入れて検索してください。なんらかの対訳になった資料が出てきます。また、三省堂などから専門英語の辞書も出ています。

私も外国人とのミーティングがあるたびにこのシートをつくっていましたが、その効果はテキメン。とにかく絶対覚えなければいけない言葉なので、否応なしに頭に入っていきます。

一夜漬けの繰り返しとはいえ、**回を重ねるごとにどんどんボキャブラリーが増えていく**のを実感できました。

日常会話には約2000から3000語程度の単語が必要といわれ、レベル分けされた単語集などが市販されています。

「少しずつ話せるようになりたい」という人ならこうした教材を順番にやっていけばいいのでしょうが、日々困難な局面を乗り切らなくてはいけないビジネスパーソンにとっては、そんなレベル分けなど意味がありません。どんなにマニアックな言葉でも、仕事に必要な単語を覚えなければ相手方と意思疎通ができないからです。

英語を本気でマスターしようと思うなら、《英語4本柱シート》や《英語学習時間確保シート》の頭で説明した通り、それなりの時間をかけて本物のスキルを身につけなければなりません。

けれども、いますぐ必要なビジネス上のコミュニケーションを乗り切るだけなら、《専門単語シート》や《英語交渉シート》（155ページ）、《場面言い回しシート》（159ページ）などを使った**一夜漬けでもどうにかなる**ものです。

加えて、たとえ一夜漬けであっても、それを何度も繰り返して積み重なったスキルは意外とあなどれません。

本気の勉強と付け焼刃的な勉強をうまく並行しながら、ビジネスの現場で使える英語力を磨いていきましょう。

専門単語シート

品質管理単語シート

Accept number　許容数
1つのデバイスのあるロットについて、サンプル・テストにおいて不合格であっても合格させるとする最大個数

AQL (Acceptable Quality Level) 合格クオリティ・レベル
全ロットベースでの平均許容可能な最大不良率で、%単位

Baseline　基準仕様
仕様変更をトラッキングするための基準となる詳細な定義

Certificate of conformance　合格証明書（適合性認証書）
調達機関に対して製造業者品質管理部門が発行する証明書

Failure analysis　故障解析
事後的な故障デバイス検査

Failure rate　故障率
デバイス総数に対するデバイス故障発生の割合。10^6単位時間当たりのデバイス個数もしくは1,000時間当たりのパーセント

High temperature storage test　高温保存試験
150度で1,000時間のテスト

Inspection lot　検査ロット
単一ロットとするデバイス・ロット（クオリティ適合検査用もしくは認定用）

Moisture resistance　耐湿性試験
高湿かつ高温ストレスの条件におけるデバイス耐性のテスト

MTBF (Mean Time Between Failure) 平均故障間隔
1デバイスについて故障回復から次回の故障間の動作時間平均

Yield　歩留（ぶどまり）
%で表される全体数量に対する仕様範囲内のデバイス総数の率

▶ミーティングで使うことが予想される専門用語を記しておく

スモールトークシート

A4一枚でビジネス前後の雑談を弾ませる

私の英語勉強法は、**時間をかけて本物の英語力を培(つちか)いながらも、一夜漬けで明日の会議も乗り切る、といういわば実力アップと付け焼刃の両立**です。

この方法だと、本当の英語力がつく以前の段階でも、交渉やプレゼンができるというメリットがあります。私自身、まだ英語の力が十分ではないのに難しい交渉をしなければならないときでも、この方法でうまく切り抜けてきました。

けれども、こうした緊張感漂うミーティングのあとで宴席を設けたりすると、まるで話せないことに気づきました。さすがに雑談の準備まではしていないので、突然黙り込んで気まずくなってしまうのです。

クレームをつけたり交渉するのは上手なのに、パーティーになると黙ってしまうなんて、相当嫌な奴だと思われたにちがいありません。

そもそも雑談は、ビジネス英語よりもよほど簡単で緊張も少ないはずなのに、できないなんておかしな話です。どうして雑談ができないのでしょうか。

英語を話そうとしているのに言葉が出てこないとき、多くの人の頭の中では「あれを英語では何と言うのか？」という疑問が頭の中で渦巻いています。

私も子どもが生まれたばかりのときの雑談で、「毎日赤ちゃんの世話をしています」とまでは言えたのですが、それ以上踏み込んだ話ができませんでした。本当は、「母乳で育てているので妻が大変なんです」とか、「スリングという道具を使ったら、抱っこが楽になって驚きました」などと言いたかったのですが、「母乳」や「スリング」を英語でどう表現するかを知らなかったために何も話せなかったのです。

こうなったら交渉やプレゼンだけでなく、スモールトークを乗り切るための準備もしておくしかありません。とりあえず**自分の近況を話すためのキーワードだけでもあらかじめ調べて覚えておく**のです。

《スモールトークシート》（169ページ）のように、**マインドマップ風に連想しながら必**

要な単語を増やしていくと、話題が膨らんでいってもある程度対応できます。

マインドマップとは、中心にテーマを置いて、そこから放射線状にアイデアやキーワードをつないでいく思考法です。

たとえば、自分の近況として子育てについて話そうと思ったら、「baby」を中心に自分が話したい内容や連想する単語を書いて、それを英語でどう言うかを調べていくのです。たとえば、「うちの子は母乳を飲んでいます」と言いたかったら、まずは「母乳」を調べます。「妻が忙しいときは粉ミルクを使います」と言うなら、「粉ミルク」も調べましょう。

母乳は「breast milk」、粉ミルクは「powdered milk」です。ちなみに「スリング」は、そのまま「sling」でした。どれも言われてみれば、なあんだと思うようなやさしい単語で、これさえ知っていればあとは中学生レベルの文法でも簡単に話ができるのです。

他にもそこから連想できる単語、話題にするとよさそうな単語をシートに書き出します。**A4一枚分くらいつくっておけば、自分の話をするには困らなくなる**はずです。しか

スモールトークシート

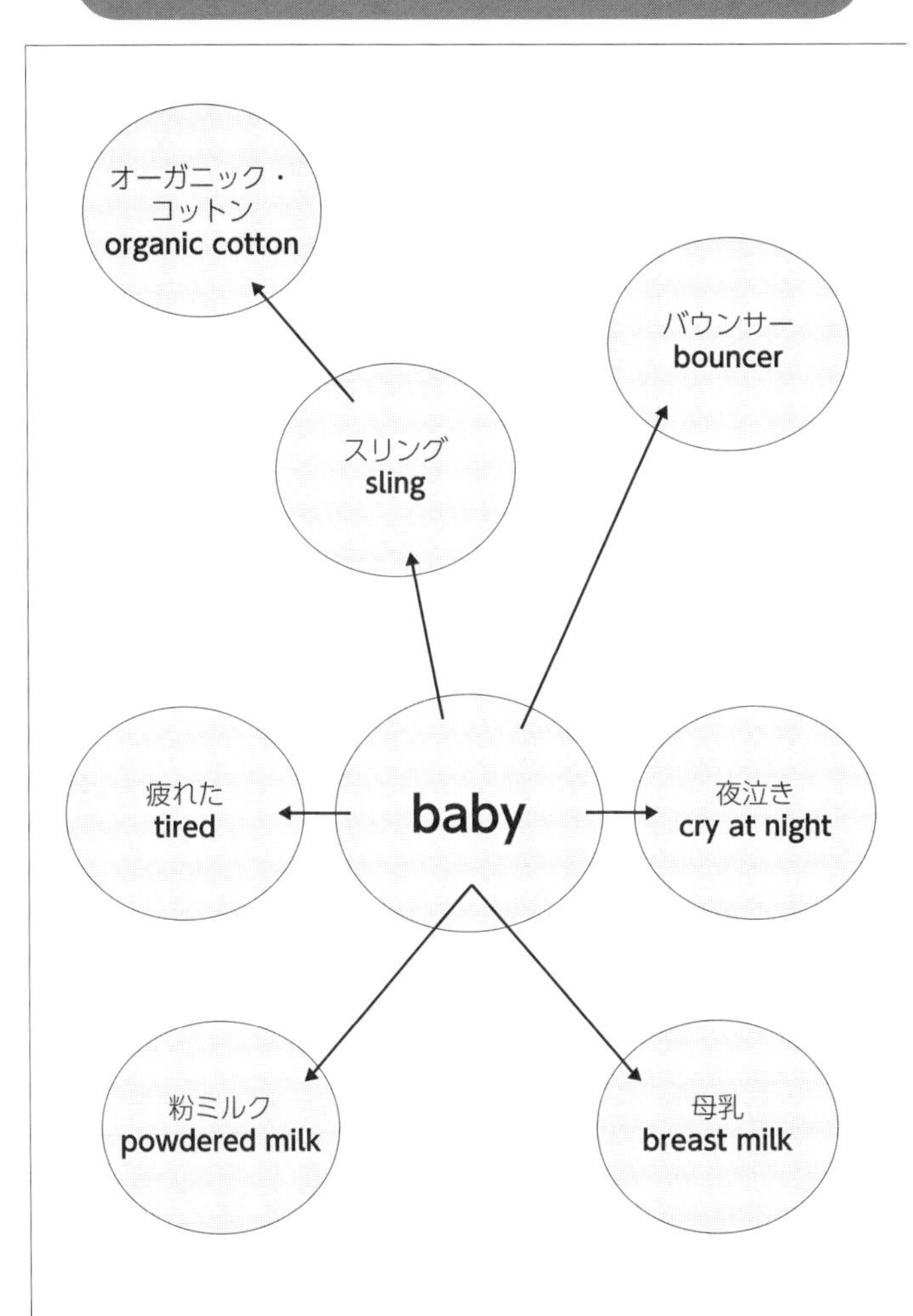

▶自分の近況を話すためのキーワードをあらかじめ調べておく

▶マインドマップ風に連想しながら必要な単語を調べておく

も、これらはすべて自分に関わる単語なので、まず忘れることはありません。

スモールトークはボキャブラリーを増やすチャンスでもあります。


話す相手があらかじめわかっている場合や、雑談の内容がある程度想像できる場合は、それに応じたシートもつくっておくと安心です。

たとえばゴルフ好きの人がいる場合は、ゴルフに関するシートを用意し、パーティー会場が最新の注目エリアにあるなら、周辺のおすすめスポットに関するシートを用意しておくといいでしょう。

だれもが子育ての話に興味があるわけではないので、**オールマイティーな話題を含めて複数のトークパターンを用意しておく**のが、その場をスマートに乗り切るコツです。

発音Q&Aシート

A4一枚で難しい発音も楽しみながらマスターできる

毎日の徹底したリスニング練習や、仕事のための一夜漬け勉強でちょっぴり疲れてしまったら、《発音Q&Aシート》（175ページ）で**ゲーム感覚の発音練習にチャレンジ**してみてはいかがでしょうか。

英語には日本語にない発音がたくさんあるので、区別するのが難しい単語がたくさんあります。

その代表的なものが**LとRの発音**です。「rice（米）」と言ったつもりが「lice（シラミ）」と発音してしまい驚かれた、などという笑い話がありますが、日本人がLとRの区別ができないことは有名な話です。

フランス人はHの発音が苦手で、「ホテル」を「オテル」と発音してしまうとか、中国には濁音がないので発音できないというように、言語にはそれぞれ弱点があるものです。

LとRはうまく区別ができなくても、相手がネイティブであればだいたい理解してくれますが、逆にここで正確に発音できると、「この人はきちんとした英語を話す人だ」と一目置かれること請け合いです。せっかく英語を勉強しているのですから、ぜひとも正確な発音もマスターしたいものです。


《発音Q&Aシート》は、2〜3人で正しい発音を聞き分けるゲームです。

まず発音する人を決めて、残りの人がそれを聞き分けます。このシートにはLとRの区別が必要な5組の単語をリストアップし、Aの欄にはR、Bの欄にはLで発音する単語をそれぞれ並べます。発音する人は、まずそのうち3組を任意に選んでください。

そしてどういう順番で発音するかを、175ページの右端の解答欄にある数字から選びましょう。

たとえば、上から3組の単語を選んで、発音する順番は「1」を選んだなら、「ramp」、「right」、「rice」と、すべてRで発音していきます。

解答する人は、それがどの順番で発音されたかを当てていきます。発音する人と聞きとる人は交代で出題し合うとよいでしょう。

もちろん理想は満場一致で正解すること。正解できなかったり、発音する人と聞きとる人の意見が食いちがった場合には、ネイティブや英語上級者の助けを仰いだほうがよいかもしれません。

私は英会話スクールに通っていたときに、仲間とあいさつ代わりにこれを出題し合っていました。もちろん、面倒なゲームにしなくても単語をひとつずつ発音して、そのつど解答してもらってもいいのですが、それだとなんだか気恥ずかしいし、発音するたびに評価されるのもなんとなくイヤなものです。

些細なちがいではありますが、《発音Q&Aシート》をつくって順番に発音し、数字で解答してもらうことで、ゲーム感覚で楽しく取り組めるのです。

私の経験ですと、だいたい間違える人はいつも決まっているのですが、**続けているうちに正解率が高くなってくる**のがわかります。

区別して聞きとれるようになると、発音も正確にできるようになるので、出題も聞きとりもスムーズにできるようになるのです。仲間の一人が目に見えて上達してくると、こちらも負けられないという気持ちにさせられます。

逆に聞きとれない発音は正しく発音できないわけですが、これは一朝一夕で克服できるものでもありません。

《発音Q&Aシート》を使った練習は5分もあれば十分なので、仲間と会うたびにあいさつ代わりにトライしてみてはいかがでしょうか。

LとRだけでなく、英語にはVとB、SとTHなど日本人には区別することが難しい音がたくさんあります。**苦手な発音ごとに《発音Q&Aシート》を作成して、粘り強く練習**してみましょう。

発音Q&Aシート

A	B
ramp	lamp
right	light
rice	lice
pray	play
wrong	long

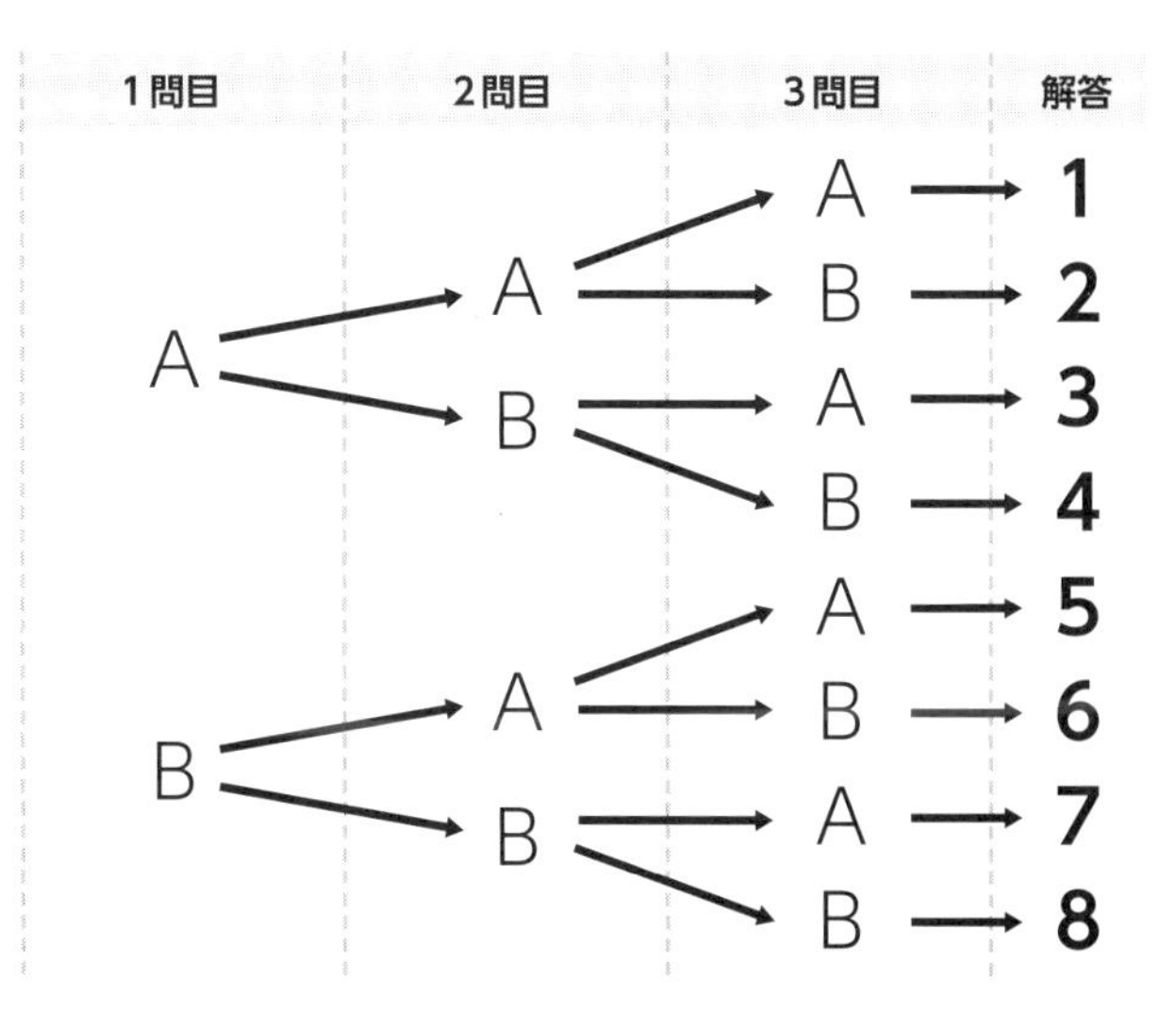

▶LとRの発音を聞き分ける

▶ゲーム感覚で楽しく取り組む

接頭語・接尾語マップシート

Ａ４一枚でボキャブラリーが無限に広がる

覚えては忘れ、覚えては忘れ。英語を学ぶ人にとって、ボキャブラリー強化は賽の河原の石積みのような作業です。

丸暗記も必要ですが、英単語には漢字と同様に成り立ちがあるので、その構造を理解すると覚えるのがかなりラクになります。

おすすめなのは、**接頭語と接尾語を理解すること**。**これで芋づる式に語彙を増やせる**ばかりか、知らない単語に出会っても、ある程度意味が類推できるようになります。

接頭語はその名の通り、単語の頭の部分。

たとえば「in」は「中に」という意味があるので「form（形成する）」を組み合わせると、「inform（知らせる）」。同じ「in」でも否定を表す場合もあり、「correct（正しい）」と

接頭語・接尾語マップシート

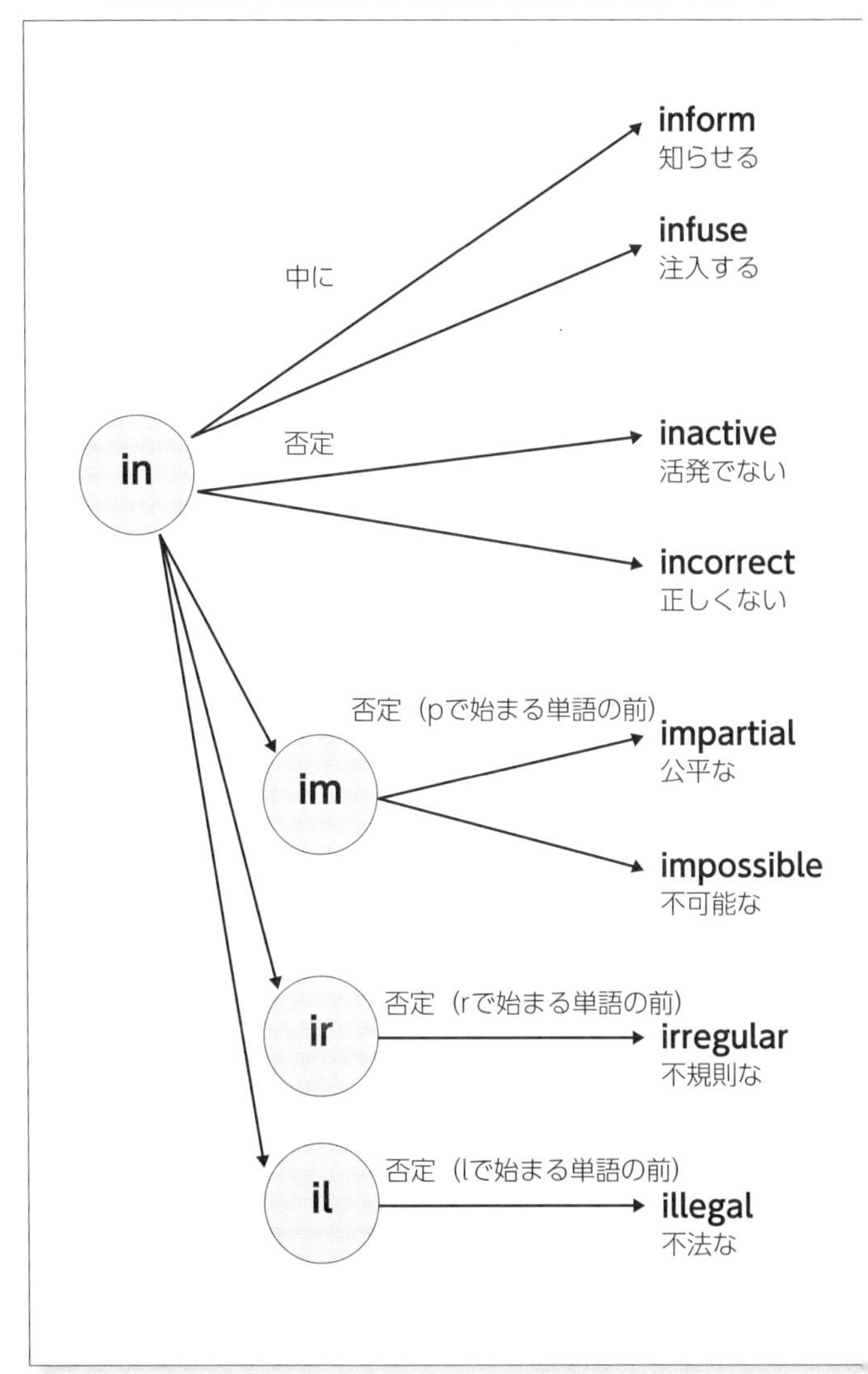

組み合わせると「incorrect（間違った）」。

さらに、否定を表す接頭語には他にも、「im」「ir」「il」があり、それぞれ後ろにくる形容詞を否定したり、反対の意味になります。

マインドマップ風に連想していくと、ボキャブラリーはどんどん膨らみます。

同様に単語の後ろにくる接尾語にも多くの種類があるので、ぜひトライしてください。

CHAPTER.4

第4章

「A4一枚」で最適な勉強環境をつくる

A4一枚で朝型生活にラクラク移行できる

忙しいビジネスパーソンがまとまった勉強時間をとるには、朝早く起きるのが最も手っとり早い方法であることはすでに説明しました。夜はどうしても残業や接待などで計画が狂うことが多いですが、朝なら早起きさえできれば、だれにも邪魔されることなく自由に時間が使えるからです。

それがわかっていても、早起きできずに苦労する人は多いようです。そういう人は決まって、「残業や家の用事で寝る時間が遅いので、早く起きるのは難しい」と言います。

しかし、この言い訳は根本が間違っています。朝型生活への切り替えに、寝る時間は関係ありません。**前日に寝たのが何時であろうが、起きる時間は絶対変えない。**これが朝型生活の大前提です。

「明日から早起きするから、今日から早く寝よう」というやり方では、いつまでたっても早起きはできません。

そもそも、ある日、突然早寝をしようとしてもすぐには寝付けないもの。いきなり寝る時間を変えようとしても無理があるのです。

《試験1週間前・試験前日チェックシート、試験当日チェックシート》の項（128ページ～）で、試験の前日だけ早く寝るのは意味がないと説明しましたが、次の日早いからといって、すぐに眠れるほど人間の身体は単純ではないのです。

それよりも、まずは**起きる時間を決めて、寝る時間が何時であろうとそれを厳守**してください。

「明日は早いから、早く寝よう」ではなく、「今日は早起きしたから、早く寝よう」であるべきです。それを続けるうちに、早寝早起きが習慣づきます。逆に言えば、「夜更かししてしまったから、明日は寝坊しよう」をけっして自分自身に許してはいけません。

とはいえ、朝型生活に移行して勉強時間を確保するためには、多少は睡眠時間を削らざるを得ないでしょう。

私は以前早朝の英会話スクールに通っていたこともあって、朝型人間の友人がたくさんいるのですが、彼らは総じて睡眠時間が短めです。

12時には寝て、5時に起きるというサイクルをとっている人が多く、睡眠時間は5時間ぐらいが平均的。少なくとも、8時間も寝ているという人は聞いたことがありません。

「8時間以上睡眠をとる人は、平均的な睡眠時間の人よりも早死にする割合が高い」という研究結果もあるくらいですから、長ければいいというものでもないようです。

必要な睡眠時間には個人差があるので一概にはいえませんが、短い睡眠で朝型生活を送る人は圧倒的に「睡眠の質」がよいのでしょう。質の高い眠りが得られていれば短時間でも問題はなく、何時間以上寝なければいけないという絶対的な基準はないのです。

ですから、**睡眠時間を削っても、その質を向上させれば無理なく朝型に移行し、勉強時間を確保できる**はずです。

ここで紹介する《睡眠の質チェックシート》(次ページ)は、その名の通り、普段、どのくらいクオリティの高い睡眠が得られているかを調べるシートです。ここにあげた10項目の中で、いくつ「YES」にあてはまるかをチェックしてみてください。

睡眠の質チェックシート

	質問	回答	
1	毎日ほぼ一定の時間に起きていない	YES	NO
2	寝起きはすっきりしていない	YES	NO
3	毎日ほぼ一定の時間に寝ていない	YES	NO
4	寝つきが悪く眠るのに10分以上かかる	YES	NO
5	BMI（体重〈kg〉÷身長〈m〉÷身長〈m〉）が25以上である	YES	NO
6	朝目覚ましなしで起きられない	YES	NO
7	夜中に目が覚めることがある	YES	NO
8	昼間に眠くなることがある	YES	NO
9	寝る前にナイトキャップ（寝酒）を飲んでいる	YES	NO
10	大きないびきをかいていると言われる	YES	NO

▶5個以上あてはまる人は要注意。7個以上あてはまる人は改善が必要

さて、いくつあてはまったでしょうか。

これらの項目は睡眠の質を下げる要因もしくは睡眠の質が悪いことを示す身体の状態を表しています。5個以上あてはまる人は要注意。「いくら寝ても疲れがとれない」と感じているのではありませんか。

そういう私も実はちょっと太り気味で、そのせいか寝覚めが悪くなってきました。そこで、ウォーキングをしています。肥満は睡眠を阻害するだけでなく、頭の回転も悪くする勉強の大敵ですから。

結果がよかった人も悪かった人も、次項で紹介する《睡眠の質向上シート》で、一緒に眠りの質を高めていきましょう。

Ａ４一枚で睡眠時間を短縮できる

前項で紹介した《睡眠の質チェックシート》の結果はいかがでしたか。

厚生労働省の調査によると、日本では５人に１人が眠りに関する悩みを抱えているといいます。以前、新幹線の運転士が睡眠時無呼吸症候群が原因で運転中に居眠り運転をしたり、同じ病気を抱えたバスの運転手が居眠りをして対向車と衝突するなど、睡眠障害による事故が問題になったこともありました。

加えて睡眠障害は自覚のない人も多く、眠りの問題はもはや他人事ではありません。

チェックシートの結果がよかった人も、要注意だった人も、《睡眠の質向上シート》（１８９ページ）でよりよい眠りを確保する生活習慣をとり入れましょう。

《睡眠の質向上シート》には、**眠りの質を高める10項目の生活習慣をリストアップ**しています。

決まった時間に起きるのは、規則正しい生活や朝型生活の基本です。起きるのがつらいからといって、朝にベッドで悶々（もんもん）としていてもいいことはありません。思い切って布団を蹴飛ばして、とにかく起き上がってしまいましょう。

眠る前に胃腸に負担をかけないよう、夜食や寝酒は控えて。覚醒効果のあるカフェインも眠りを妨げるので、夜のコーヒーや紅茶は避け、リラックス効果の高いハーブティーやホットミルクを飲むようにしましょう。

夕食後、寝る1～3時間前ぐらいからは、部屋の明かりを少し暗めにしてリラックスするのがおすすめです。学習する場合も暗くしてもかまいません。明かりを抑えることで、身体が徐々に眠る態勢を整えてくれるからです。

ぬるめのお風呂にゆっくりつかるのも、身体を休める副交感神経の働きが強くなって眠りやすくなります。室温は暑すぎても寒すぎてもよくありませんので、空調の温度設定にも気を配りましょう。

寝る前にメールをチェック、という人も多いかもしれませんが、イギリスのエディンバラ睡眠センターの研究成果によると、**就寝1時間前のメールチェックはエスプレッソ2杯分と同じくらいの不眠効果がある**のだとか。

その原因はコンピューターなど電子機器が発する光が、睡眠を誘うホルモン「メラトニン」の分泌を妨げ、脳が眠りに向かうための準備が止まってしまうためだそうですが、私に言わせれば寝る前のメールがもたらす害は他にもあります。

ある会社では、寝る前のメールチェックを社員全員に推奨していました。おそらく、その日のうちにできる仕事は片づけて、翌日にやるべき仕事も把握しておくのが目的だったのでしょうが、これは働く人の精神衛生上よくない習慣だと思います。

相手が休んでいる時間帯にも指示や依頼の連絡ができるのはメールのメリットではありますが、それを休むべき時間に読めというのではたまったものではありません。

寝る前に新しい仕事を言いつけられると、「明日これをどうやって片づけようか」と気になってしまいますし、せっかちな人だとすぐに着手しなければならないとプレッシャーを感じてしまうかもしれません。

実際、この会社は社員の離職率が高く、うつ病を患（わずら）う人がとても多いとのことでしたが、それも当然だと思います。

どんなに優秀なビジネスパーソンでも、寝る前ぐらいは仕事を忘れてリラックスしないと心身のバランスが崩れてしまいます。

プライベートのメールならともかく、寝る前の仕事メールは百害あって一利なし。どんなに遅くても夕食後くらいには終わらせておきましょう。

よい睡眠なくして、効率のよい勉強はあり得ません。睡眠は健康を支える基盤でもありますから、毎日の生活習慣を見直して質の高い眠りを手に入れましょう。

睡眠の質向上シート

	項　　目	チェック
1	決まった時間に起きる	□
2	夜食は控え、コーヒーなど カフェインの入ったものは飲まない	□
3	入浴はぬるめで就寝数時間前に入る	□
4	布団の中でだらだらしない	□
5	寝酒はやめる	□
6	就寝前のメールチェックはやめる	□
7	昼寝はしない	□
8	ハーブティーやホットミルクを飲む	□
9	部屋は適度に暗くする (ホテルのフットライトをイメージして)	□
10	室温は夏は25度から28度、 冬は18度から22度に	□

▶毎日の生活習慣を見直して質の高い眠りを手に入れる

安眠したい2分割シート

心配事で眠れない夜は、A4一枚でスッキリ

「今月の販売ノルマ、達成できそうもないなぁ」

「試験は来月なのに勉強が全然進んでいない。どうしよう」

さあ寝ようとベッドに入ってからこんなことを考え出して、悶々と眠れぬ夜を過ごした経験はありませんか。


ビジネスパーソンには心配事はつきものです。

思い悩みながら、白々と夜が明けていくのを見ているだけで問題が解決するのなら、それも意味があるのでしょうが、そんなことはあり得ません。

布団をかぶったままどんなに思い悩んでも時間のムダ、睡眠時間を奪われてただ疲弊するだけです。それはわかっているけれど、眠れない。さらに「明日は早いのに」などと思

うともっと眠れなくなる。本当につらいですよね。

どうせ眠れないのなら、この際パッと起きて、《安眠したい2分割シート》（193ページ）で**安眠を妨げる心配事をやっつけてしまいましょう。**

方法はいたって簡単。

まずは、あなたを悩ませている問題を書き出します。

たとえば、その悩みが、「今年中に管理職は全員TOEICで700点以上のスコアをとらなければならないのに、勉強も思うように進まないし、このままでは次の試験でも達成できない」という内容だとしましょう。

次に、この問題を解決するために考えられる対策を、思いつく限り書き出してみましょう。思うように勉強が進んでいないのなら学習計画は見直さなければならないし、リスニングが苦手ならもっと重点的に学習する必要があります。教材が自分のレベルに合っているかどうかも検討したほうがいいし、もっと勉強時間がとれるよう生活そのものを見直す必要もあるでしょう。

TOEICのスコアをアップさせるための方法を思いつくままにリストアップしたら、次は書き出したこれらの対策を、**「今日できること」**と**「明日以降にしかできないこと」に大別**します。

たとえば学習計画の見直しは今日できますが、書店に新しい教材を選びに行くのは明日にならないとできません。

今日できることと明日やることをきっちり分けたら、今日できることは早速片づけてしまいましょう。どうせ眠れないのだから、この場合であれば、これまでの学習計画に改善すべき点がないかを検討するのです。

夜型の勉強に無理があると感じたら、朝型に転換しましょう。これまでの遅れを取り戻すため、勉強時間を増やす必要もあるかもしれません。

《勉強時間抽出シート(1)～(3)》(85、89、95ページ)や、《勤務時間圧縮シート》(99ページ)、《時間効率分析シート》(106ページ)、《時間投資分析シート》(107ページ)も参考に、毎日の生活と学習スケジュールを見直してみるのです。

新しい学習プランができ上がるころには、少しはスッキリした気持ちになっているは

安眠したい2分割シート

テーマ
英語の成績が上がらない

今日できること	対策	明日以降にしかできないこと
○	学習計画の見直し	
	リスニングの練習	○
	教材の検討	○
○	時間の捻出検討	
	イディオムの暗記	○

▶今日できることはすぐに片づける

ず。今日できることはやり終えました。あとはグッスリ眠って、明日から勉強を再スタートさせるだけです。

目標の達成や心配事の解決には、何日も、あるいは何年もかかるものなので、心配事そのものは一晩ではなくなりません。ただ、安眠を邪魔するのは心配事そのものではなく、**「何かやらきゃいけないのに、何をすればいいのかわからない」といった、自分が何もできていないことへのあせり**なのです。

ですから、やるべきことをリストアップして多少なりとも**解決への道筋をつける**ことで、こうしたあせりが軽減します。なおかつ現段階でやれることはやったという達成感があれば、気持ちよく眠りにつけるものです。

この方法はビジネスや勉強だけでなく、プライベートな心配事にも効果を発揮しますので、眠れない夜にはぜひ試してみてください。

脳を効率よく動かす食事シート

Ａ４一枚で脳をフル回転させる食生活に転換する

勉強を効率よく進めるには、何をおいても脳が健康である必要があります。脳の重量は体重のわずか２％ほどしかありませんが、消費するエネルギーはなんと身体全体の約２割を占めているのだとか。脳はとても大きなエネルギーを必要とする臓器であり、その原動力となるのが毎日の食事です。

《脳を効率よく動かす食事シート》（１９９ページ）では、**脳を効率よく動かし、勉強の能率をアップさせる**チェックポイントをリストアップしました。

身体は糖分に加え、たんぱく質や脂質をエネルギー源にできるのに対し、脳は糖分でしか働くことができません。糖分は筋肉や肝臓にある程度貯蔵することはできますが、脳を動かすエネルギーにするには効率が悪く相当の時間がかかるので、血液中の糖分が足りなくなると脳の働きは一気にダウンしてしまいます。ですから、頭を使う仕事や勉強をする人は、定期的に糖分を補給しないと効率が悪化することがあります。

通常は食後3時間程度で血糖値は下がり、脳が糖分の補給を求めるようになります。皆さんも午後3時を過ぎると、お腹がすいたわけではないのに、なんとなく甘いものがほしくなったりしませんか。

それは脳に糖分が不足してきたシグナルです。身体は夕食までガマンしてくれますが、脳はそこまでガマンしてくれません。3時のおやつというのは子どもだけでなく大人にとっても重要な意味があるわけです。

ですから、**一日中快調に頭を回転させておくためには、定期的に食事やおやつで糖分を補給する**ことが大切です。

ギリギリまで寝ていて朝食を抜くなんてもってのほかです。夕食でとった糖分は朝にはほとんど使い切っているので、そのまま仕事や勉強をしてもぼんやりして集中できません。

朝食の前に勉強するという人も、「おめざ」として2、3枚のクッキーを食べるだけで、効率はグンとアップします。忙しさにまぎれてランチを抜くのも、午後の能率が下がるのでよくありません。

かといって、ダラダラと一日中食べていろというわけではありません。

脳が必要としている量を超える糖分をとるのは肥満のモトです。三度の食事も食べすぎると眠くなるので、腹八分目に抑えておくのがコツです。

糖分不足だけでなく、肥満も脳の働きを鈍らせるので食べすぎは厳禁。何より、頭を常にクリアに働かせるためには、健康が大前提です。

また、ビタミンやミネラルも、勉強をサポートしてくれる大切な栄養素です。

ビタミン類は、神経伝達やブドウ糖の代謝を助ける働きをもち、カルシウムなどのミネラル類は、神経の情報伝達や記憶にも関与しています。

バランスのとれた和食中心の食事を1日3回、腹八分目にとって、おめざとおやつを少々という昔ながらの食生活は、実は非常に理にかなっているわけですね。

《脳を効率よく動かす食事シート》では、脳によくない生活習慣や太りやすい食生活の代表的なものを列挙しました。

「ＹＥＳ」が７つ以上あった人は、日に日に脳の働きが鈍っている可能性があるので、いますぐ改善が必要です。５つ以上の人も黄信号。なるべく「ＹＥＳ」の数を減らすよう努力してみましょう。

「ＹＥＳ」が２つ以下にできれば、グングン勉強がはかどるようになるはずです。

仕事や勉強をするときには3時間ごとに、ほんの少しのおやつで脳と自分にごほうびをあげることも忘れずに。

脳を効率よく動かす食事シート

質　　問	回答	
1 朝食抜きのことが多い	YES	NO
2 外食中心の生活である	YES	NO
3 BMI（体重〈kg〉÷身長〈m〉÷身長〈m〉）が25以上である	YES	NO
4 昼食を抜くことがある	YES	NO
5 お腹一杯になるまで食べてしまう	YES	NO
6 早食いである	YES	NO
7 焼肉など肉類が好きだ	YES	NO
8 寝る前に夜食を食べる	YES	NO
9 缶ジュースをよく飲む	YES	NO
10 揚げものやスナック菓子が好きだ	YES	NO

▶5個以上あてはまる人は要注意。7個以上あてはまる人は改善が必要

家族協力シート

A4一枚で家族が気持ちよくサポートしてくれる

受験生であれば両親は全面的に勉強を応援してくれるでしょうが、これが家庭をもつ社会人となるとそう簡単にはいきません。本気で勉強しようとするなら、本来担うべき家事分担や家族サービスをある程度は犠牲にせざるを得ないからです。

私も以前、勉強に集中しなければならなかったときに、妻を怒らせてしまった経験があります。

うちは共働きなので家事は分担していたのですが、妻は勉強する私に気遣って、いつの間にか私がやるべき家事もこなし、ずっと子どもの相手をしてくれていました。

一方、私はというと勉強に集中するあまりそんなことには全然気づかず、無神経なことばかり言っていました。それでさすがの彼女も、堪忍袋（かんにんぶくろ）の緒が切れてこう言ったのです。

「私はこんなに気を遣っているのに、あなたは何にもわかってくれてない」と。

私もこのときばかりは反省しました。ひたすら我慢していた妻の負担は、このとき精神的にも身体的にも限界に達していたのです。

勉強には家族の助けは絶対に必要なのに、私はそれをきちんとお願いしたり、感謝したり、目標を共有したりすることを怠っていました。こんな状態が長く続けば、お互いに大きなストレスを抱えることになりかねません。

そのときに思いついたのが、《家族協力シート》（203ページ）です。

これから紹介する例は、社会保険労務士試験合格を目指す女性をイメージしたものです。共働きで、保育園に通う子どもがいます。こんな人の目標達成には、夫の理解と協力は不可欠です。

まずは自分の目指すゴールを伝えましょう。なぜ、社労士試験を受けるのか、合格してどうしたいのかという目標を理解してもらうこと。そして次に大切なのは、ゴールとなる期日を明確にすることです。

夫にとっては妻を応援する気持ちはあっても、それが無限に続くというのでは途中で音を上げてしまうかもしれません。でも、期日が決まっているのであれば、どうにかがんばれるもの。**「大変だけど、試験の日まで一緒にがんばろう」という時間的なゴールも合わせて共有する**のです。

それができたら、次は「ごほうび」を設定しましょう。

資格がとれれば収入が増えたりして家族にもメリットはあるでしょうが、それだけで苦労をかけるのはお互い苦しいものです。合格そのものだけでなく、「資格がとれたらみんなでグアムに行く」という**ハッピーな目標も併せて共有することで、より前向きな気持ちで応援してもらえます。**

そのうえで、最後に家族に協力してほしいことを相談してみましょう。

「朝早く起きて勉強するけど、気にしないで寝ていてね」
「朝食はパンでいいから、支度をお願い」
「合格するまでお弁当づくりはお休み、外で済ませてください」
「保育園の送り迎えはお願いします」
「夕飯はスクールのある月曜と木曜以外はしっかりつくります」

家族協力シート

2018年の目標	
目標	社会保険労務士試験合格
目標期日	8月26日(日)
ごほうび	みんなでグアムに行く
お願い事項	【項目】【内容】 朝　朝5時に起きますが、気にしないで寝ていてください 朝食　パンでいいので準備をお願いします 育児　保育園の送り迎えをお願いします 昼食　外で自分でお願いします 夕食　月曜と木曜以外はしっかりつくります 夜　寝る前に勉強を1時間します

▶家族と相談しながら作成する

というように、自分がやれること、そして頼みたいことを話し合うのです。

くれぐれも気をつけてほしいのは、このシートは自分一人でつくって見せるのではなく、**家族で話し合いながら書き込んでいく**ものだということです。いくら家族でもいきなり要求事項をつきつけたりしては失礼だし、反発を招くだけです。

まずは目標をきっちり共有し、一緒に楽しいごほうびを考えて、お願いするのはそれからです。負担をお願いする場合も、全部を受け入れさせようとは思わないでください。相手の話を聞きながらできることとできないことをよく相談し、譲歩することも大切です。

ここまでできたなら、家族は心身両面からあなたを支える心強いサポーターです。

家事を任せきりにしているときこそ、**感謝の気持ちを表す**ことだけは忘れないようにしてください。

CHAPTER.5

第5章

「A4一枚」で効率よく情報を収集する

読書計画シート
Ａ４一枚で素人でも業界事情通になれる

三菱地所やソフトバンク時代、私はプロジェクトマネージャーとして、多くのプロジェクトを手掛けました。

このようにいうとずいぶん偉そうに聞こえるでしょうが、もともとの私は、あらゆる分野でズブの素人。不動産や街づくりのことは何も知らなかったし、情報通信の分野にいたってはもうチンプンカンプンでした。それでも仕事を命じられれば、限られた時間で企画をプレゼンできるほど精通しなければならなかったのです。

こういうときは、まずその分野に関して勉強することから始める必要があります。

書店に駆け込んだり、やみくもにインターネット検索するのも間違いではありませんが、何の予備知識もないまま膨大な情報の海に飛び込むのは、効率的なやり方とはいえません。学者並みの見識や仕事に関係のない情報は省略して、なるべく**短時間で必要十分な知識を得る**方法をとるべきです。

そこで《読書計画シート》（209ページ）を使って、**情報収集ルートを最適化**し、効率的に知識を増やしていきましょう。

事例は古くなってしまいますが、私のケースで説明させてください。

たとえば、「ブロードバンド事業を企画せよ」と命じられたとします。

これは、私がソフトバンク時代に孫社長から与えられた壮大なミッション。当時の私はブロードバンドのブの字も知らなかったので、まずはこのシートを使って、なるべく短時間で情報通信分野の勉強をしようと考えました。

何も知らない分野を理解するには、まず全体を俯瞰（ふかん）**する**ことが大切です。

《1年計画シート》の項（46ページ〜）でも説明しましたが、人間の脳は最初に大まかな情報を認識してから、あとからやってくる詳細な情報を受けとる準備をしています。いきなり詳細な知識を学んでも効率が悪く、断片的な知識にしかならないので、まずは大まかな枠組みや一般的な知識をさらりと説明してくれる本を選ぶことが大切です。

こういうときは統計やデータを網羅（もうら）した白書のような資料が最適です。このときは、総務省の『情報通信白書』で概要をつかみ、通信、放送、電子商取引、ハードウェアなどの各分野の市場予測をしている本を探し、近い将来に予想される市場の変化について学びました。

概略が理解できると、「もっと詳しいデータがほしい」とか、「海外の例も知りたい」「ブロードバンド企業同士を競争させる政府の政策ってなんだ？」「具体的な技術をもっと理解しないと」など、さらに深く学んでいくべき課題や興味ある分野が見えてきます。

そこで今度は、こうした**興味や課題のある分野について詳しく説明した本を探していく**のです。

書店やアマゾンで探してもいいですし、第一段階で読むような本には他の文献からの引用が載っていたり、参考文献を紹介していることが多いので、その中から選んでもいいでしょう。

この段階を過ぎると、企画やプロジェクトの方向性がある程度見えてきて、さらに詳細

読書計画シート

ブロードバンド事業企画のための勉強

全体像の把握

『情報通信白書』
『これから情報・通信市場で何が起こるのか』

テクノロジー　競争政策　海外情報　データ掘り下げ

深掘り

『ワイヤレス・ブロードバンド時代の電波／周波数教科書』	『次世代インターネットの競争政策』	『海外通信白書』	『情報通信ハンドブック』

さらに深掘り

インターネット論文

▶①まず全体像をさらりと把握する本を読む
②その後、その本の中で自分の興味がある軸を出す
③その軸に応じて進むが、そのあとも本もしくはウェブでつながるので、どの軸にあるのかを認識しておく

な疑問や課題が出てくるようになります。

ここまでくると、もはや本にはあまり頼れません。内容が細かすぎるうえ、文献が見つかったとしても情報が古くなっていることが多いからです。

こういうときこそ、インターネットの出番です。

インターネットは一歩間違うと、情報量が膨大でほしい情報にたどりつけないことがありますが、この段階であれば、疑問や課題がかなり細かく絞り込まれているので簡単に手に入るはず。

発表されたばかりの論文や、最新の統計データも入手できるので、情報の鮮度もバッグンです。うまく検索できない場合は、《正しい検索キーワードシート》の項（226ページ〜）を参照してください。

もし、その分野に詳しい人から話を聞ける機会があるなら、それは何より貴重な情報源。そのときは、《正しい質問シート》（225ページ）を活用して有益な情報を引き出していきましょう。

3分割読書シート

A4一枚で読書の効率が飛躍的にアップする

「読むべき本がたくさんあるのに、時間がなくてなかなか進まない」と悩んでいる人はいませんか。

速読術の訓練でもすれば短時間にたくさん読めるかもしれませんが、そんなことをしなくても読書の効率は簡単にアップさせることが可能です。

《3分割読書シート》(215ページ)を使って、**必要な情報だけをムダなく吸収する読書法**をマスターしましょう。

本は、その種類によって読む目的が異なります。

娯楽として読むこともあれば、勉強や情報収集の手段として読む場合もあるし、ときにはパワーをもらったり、人生を変える出会いにもなり得ます。同じ読書でもこれだけ性格がちがうのに、読み方が全部同じでいいわけがありません。

そこでまずは、本を性格によって3つにグループ分けしてみましょう。そして、そのグループに応じて**読み方を変えていく**のです。

第1グループは、**「毎日、身近に置いて読み続ける本」**です。

人間だれしも、くじけそうになったときや目標を見失いそうなとき、初心にかえりたいときなどに、自分を励まし奮い立たせてくれるバイブルのような本をもっているのではないでしょうか。

私にとっては、『ローマ人の物語』『葉隠　武士と「奉公」』『春秋名臣列伝』などがそれにあたります。このような本は毎日読む必要はありませんが、いつでも傍らに置いておき、エネルギーが必要なときには手にとるようにしましょう。

第2グループは、**「必要なところを必要なときに辞書感覚で参照する本」**です。

私にとっては、『リエンジニアリング革命』『生産マネジメント入門』といった生産管理や生産工学に関連した本がこれにあたります。

前者は、私が大学時代にゼミで使ったテキストで、IT（情報技術）を活用してビジネス・プロセス（仕事の流れ）を変革することで生産性を向上させる方法について論じた本です。また後者は、トヨタ生産方式の研究でも知られる東京大学大学院経済学科・経済学部の藤本隆宏教授の技術・生産管理理論の教科書です。

実は、私の身近だったIT企業もしくはコールセンターなどのサービス業などは、そのビジネス・プロセスの中にモノ（原料や製品）がまったくない場合が多いのです。こうしたモノが流れないビジネス・プロセスの設計について体系だった本がほとんどないこともあり、この2冊は非常に有益な情報源です。

モノの流れるビジネス・プロセスであっても、自分の直面する課題と似た事例をこの2冊の本で見つけて照らし合わせることで、多くのヒントを見つけ出しています。

最後の第3グループは、**「読む必要はあるが一度読んだら十分な本」**です。

流行を理解したり、必要な知識を得るための本で、量としてはこのグループの本がほとんどを占めるでしょう。これらの本を短時間で読むことができれば読書の効率は飛躍的にアップします。

このグループの本は、最初から最後まで読む必要はありません。1冊の本の中には新しい発見もあれば、すでに知っている部分もあるので、そういった部分は飛ばしてしまえばいいのです。

内容は小見出しだったり、ぱっと目に入るキーワードで大体わかるので、必要なところだけを抜き出していくと、1冊の本などあっという間に読めてしまいます。

実をいうと、私はこのグループの本をトイレに置いて読むようにしています。こんなことを書くと著者の方に失礼かもしれませんが、必要なところだけパラパラと読むにはトイレがぴったり。細切れ時間の有効活用にもうってつけなのです。

《3分割読書シート》で効率的な読み方をマスターしたら、**生活スタイルに合わせて読む場所も工夫する**と、さらに読書量がアップできるかもしれません。

3分割読書シート

毎日、身近に置いて読み続ける本

- 『ローマ人の物語』
- 『葉隠　武士と「奉公」』
- 『春秋名臣列伝』

必要なところを必要なときに辞書感覚で参照する本

- 『京都滋賀 鉄道の歴史』
- 『タイタン』
- 『ビッグディール』
- 『ビジョナリーカンパニー』
- 『リエンジニアリング革命』
- 『失敗の本質』
- 『人を動かす』
- 『トヨタ生産方式』
- 『アメリカを創ったベンチャー・キャピタリスト』
- 『生産マネジメント入門』

読む必要はあるが一度読んだら十分な本

- 『ウェブ進化論』
- 『フューチャリスト宣言』
- 『シリコンバレー精神』
- 『グーグル・アマゾン化する社会』
- 『Web2.0でビジネスが変わる』
- 『You Tube革命』
- 『ウェブ3.0型社会』
- 『2ちゃんねるはなぜ潰れないのか?』
- 『次世代ウェブ』

※単行本発刊時の本をあえて再掲しています

勉強になる人脈シート

A4一枚で本当に「使える」人脈を広げる

ビジネスはもちろん勉強に関しても、詳しい人に直接聞くほど効率のよい情報収集法はありません。一人で長い時間調べても考えてもわからなかったことが、人に聞いたら一発で解決した、なんてことはザラにあることです。

人脈とそれがもたらす情報は、ときに100時間勉強してもかなわないような威力を発揮します。

そこで、新しい人脈を開拓するために異業種交流会に出かける、という人も多いようですが、実際には名刺交換しただけの人とはなかなか交流が続かないもの。

ビジネスのハウツー本には「頼るばかりではダメ、ギブ&テイクの『ギブ』から入りましょう」などと書いてありますが、現実には「ギブ」するチャンスすら見つかりません。

こんないまにも消えてしまいそうな薄いネットワークでは、とても「使える」人脈とはいえません。

なぜ、異業種交流会で出会った人との関係は続かないのでしょうか。

それは共通体験がないからです。出会った人とすぐに一緒に仕事でもしたというならともかく、一度おしゃべりしただけの人とは信頼し合う関係まではいたらないのです。

異業種交流会に参加するのも結構ですが、普段の仕事や生活を振り返れば、それなりに人と出会う機会はあるものです。取引先やクライアント、町内会やＰＴＡの人の中には、数回会ったきりの人や、プロジェクトや行事が終了したら顔を合わせる機会がなくなってしまった、という人も多いはずです。

こうした人たちは一緒に仕事をしたり行事を企画するなど、なんらかの体験を共有してきた人たちです。異業種交流会で名刺交換しただけの人よりも、ずっと関係を深めるハードルは低くなっているはず。

こういう人たちと**３か月に一度ぐらいはなんらかの形で連絡して関係を保つ**ようにすれば、いつかお互いに役に立てることが出てくるはずです。

たしかに新しい人脈を築くのも大切ですが、やみくもにネットワークを広げるよりも、いまある人脈をもっと活用すべきではないでしょうか。

灯台下暗しといいますが、「人脈がない、出会いがない」と嘆いている人ほど、それを見落としがちです。《勉強になる人脈シート》（次ページ）を使って、**眠っている人脈を掘り起こしましょう。**

《勉強になる人脈シート》には自分を中心に、3か月という目安を示す円を描きます。そして名刺や携帯電話のアドレス帳にある知人の名前を、頻繁に会う人ほど自分と近い位置に、音信不通の状態が長い人ほど外側に書いていきましょう。3か月以内に連絡をとった人は円の内側、そうでない人を外側に書くようにします。

中心に近いところにいる人は、意識しなくても連絡をとる人なので気にする必要はありません。問題は**円の近くや外側にいる人**です。せっかく関係を築いた人なのですから、このまま疎遠にならないようコンタクトをとってみましょう。

近くまで行ったときに顔を出してみたり、ランチに誘うのもいいでしょう。さいわい、いまはメールという手軽なコミュニケーションの手段があるのですから、「先日はありが

勉強になる人脈シート
Jさん
Aさん
Cさん
3か月
Gさん
Bさん
Eさん
あなた自身
Fさん
Hさん
Kさん
Dさん
Iさん
▶円の近くや外側にいる人にコンタクトする

とうございました。最近どうですか」と近況を尋ねるメールを送ってみるのも効果的。「そういえば聞きたいことがあったんだけど」などという返信がくればしめたものです。

役に立てることがあるなら、積極的に協力して関係を深めましょう。長く音信不通が続くと、用がないのに連絡をとったりしづらくなるので、3か月に一度はコンタクトするよう心がけてください。

だれかの協力が必要になったときでも、ずっと疎遠になっていた人に頼むのは気が引けるものです。しかし、定期的にコンタクトを続けていれば関係は保てますし、自分が相手の力になってあげられる機会も増えます。これこそが**「使える」人脈**なのです。

正しい質問シート

Ａ４一枚でほしい情報を的確に引き出す

「正しい答えでなく、正しい質問を見つけることを重要視しなさい」

これは、日産ＣＥＯ（現・取締役会長）であるカルロス・ゴーン氏の信条や独自のビジネススタイルについてまとめた本『ゴーン・ファクター』の中の一節です。

どんなに長時間勉強しても、調べものをしても、自分一人の力で得られる情報には限りがあります。一人で正しい答えを考えるより、だれかに正しい質問を投げかけるほうがずっと簡単に答えが得られることもあるでしょう。

しかし、せっかくほしい情報をもつ人に出会っても、的外れな質問や漠然とした質問では的確な答えを引き出すことはできません。そればかりか、時間ばかりが過ぎて相手や自分の貴重な時間をムダにしてしまうことも。

そんなことがないように、《正しい質問シート》（２２５ページ）で、**短時間で適切な答**

えを引き出す方法をマスターしましょう。

《正しい質問シート》を使った質問はとてもシンプルです。答えが得られるまで、**「縮小質問」と「拡大質問」という2種類の質問を繰り返していく**だけの方法です。

「縮小質問」とは、YESかNOのどちらかで答えられる問いかけです。対する「拡大質問」は、具体的な文章の形にしないと答えられない問いかけのこと。いわゆる、「5W1H」で始まる質問です。この2つの質問を繰り返していくことで、具体的な情報を引き出し、核心にグイグイ迫っていくことができるのです。

たとえば、音楽業界の新しいサイトの企画を任されて、業界通の人から情報収集をするとしましょう。

この場合、犯しやすい間違いの最たる例が、「たくさん人が集まるサイトをつくりたいけど、どんなサイトがいいと思いますか?」とか、「音楽業界って、いまどうなんですか?」という漠然とした聞き方です。

これではどんな事情通でも答えようがありません。豊富な情報の中から何を選び出して話せばいいかがわからないからです。

必要な答えを引き出すには、**何を聞きたいかを明確に絞り込んで伝える**必要があります。

まず聞きたい内容を絞り込むには、ＹＥＳかＮＯで答える縮小質問を投げかけるのが効果的。そうすることで、いやおうなしに質問内容は具体的になります。

この場合はたたき台となるアイデアをぶつけてみましょう。

「音楽に特化したソーシャルネットワークサービス（ＳＮＳ）は成功すると思いますか？」

この質問に対して、もし「ＮＯ」という答えが返ってきたら、次は具体的な内容を問う拡大質問に移りましょう。

「なぜ、そう思うのですか？」

この問いかけに対し、相手が「アメリカでは音楽に強いＳＮＳが成功しているが、慣習の異なる日本ではレーベルの協力が得られにくいのではないか」と答えたとします。これを受けてすかさず、次の縮小質問をしてみましょう。

「もし、レーベルの協力が得られたら、日本でもうまくいくと思いますか？」

相手の答えがＹＥＳなら、さらにこう拡大質問します。

「日本でレーベルの協力を得るために、クリアすべき問題にはどんなものがありますか？」

こうして縮小質問と拡大質問を交互に繰り返しながら、ほしい答えやヒントが得られるまでどんどん掘り下げていくのです。

こんなふうに情報を引き出していけば、役に立つディープな情報をピンポイントで手に入れることができるはず。**正しい質問は正しい答えを導きます。**人脈を有効活用する方法としてぜひ覚えておいてください。

正しい質問シート

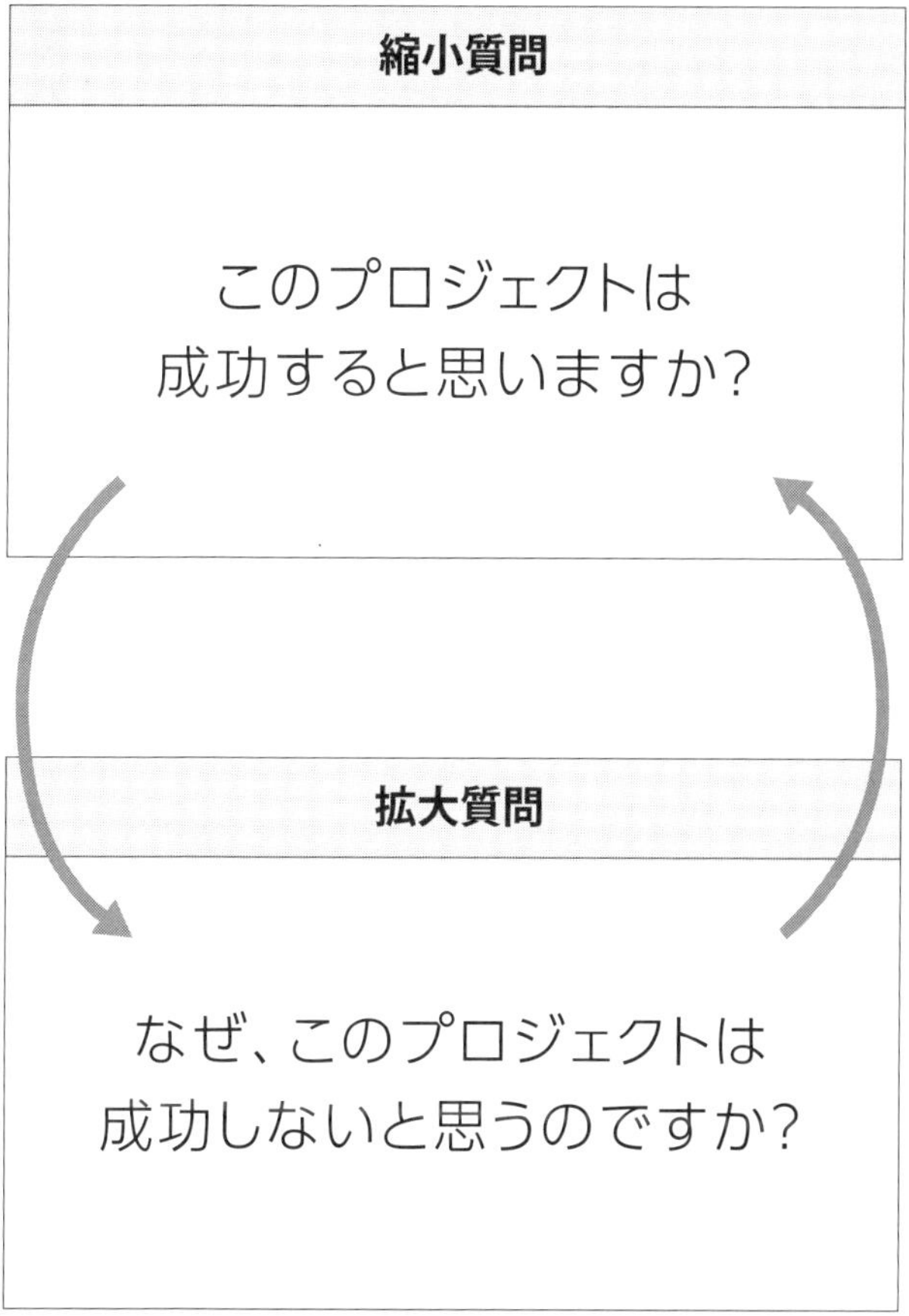

縮小質問

このプロジェクトは
成功すると思いますか？

拡大質問

なぜ、このプロジェクトは
成功しないと思うのですか？

▶縮小質問はYes or Noで答えることができる質問とする
▶拡大質問は5W1Hを使った質問をする

正しい検索キーワードシート

A4一枚で世界の最新情報をピンポイントで入手する

いまや私たちの生活に不可欠な存在となったインターネット。勉強とはあまり関係ないと思うかもしれませんが、世界中の最新情報が手に入るインターネットは、ビジネスパーソンの勉強にはなくてはならないツールです。

検索サイトを通して専門用語の英訳（《専門単語シート》165ページ）を調べたり、資格試験の最新情報、仕事や研究に必要な学術論文、独学での疑問点、試験に挑んだ人の合格体験記や失敗談までさまざまな情報を得ることができるからです。

ただし、膨大な数のサイトの中から必要な情報をとり出すには、ある程度のスキルが必要です。一向にほしい情報にたどり着けない、なんていうことのないよう《正しい検索キーワードシート》（229ページ）で、基本的なコツをマスターしておきましょう。

まず、**キーワードは複数入れる**こと。一般的な言葉ほど検索結果は膨大なので、キーワードを増やして情報を絞り込む必要があります。

また、文章のような長いキーワードもヒットしにくくなるので、「基本情報技術者試験に合格する勉強法」ではなく、「基本情報技術者試験　勉強法」というように短く区切るのもポイントです。

それでも検索結果が多すぎたり、特定の無関係な検索結果が多く出てくる場合は、**不要なキーワードを除外**して検索してみましょう。

たとえば司法試験の論文試験対策について調べたいときに、「司法試験　論文　コツ」と検索すると、ネット書店の参考書のサイトがたくさん出てきてなかなかほしい情報がみつかりません。

そんなときは、ネット書店のサイトを除外して検索してみましょう。除外したいキーワードの前に「-（半角マイナス）」をつけて入力すると、検索結果から排除できます。こうしたネット書店のページには「本」というキーワードが入っていることが多いので、「司法試験　論文　コツ　-本」と絞り込み検索をすると、ほしい情報により近づくことができるでしょう。

　絞り込み検索をしてもよい結果が出てこないときは、言葉を入れ換えましょう。入れ換える言葉は類似した言葉です。たとえば「コツ」の代わりに「体験記」や「ツボ」などのキーワードを試してみましょう。


　また、**キーワードをより具体的にしてみる**のもおすすめです。「司法試験　対策」よりも、「司法試験　独学　おすすめ　問題集」などと詳しく入力したほうが、よりピンポイントな情報を得られます。ある程度検索結果を想像して入れてみるのもいいでしょう。

　定番の検索ワードも覚えておくと便利です。

　知らない言葉の意味や定義を知りたいときは、「とは」や「定義」をキーワードと一緒に入力します。「ネットワーク理論とは」「ネットワーク理論　定義」と検索するのです。

　《読書計画シート》の項（206ページ〜）でも説明しましたが、インターネットは本になっていないような専門的な学術情報や最新のデータを得られるのが大きなメリットです。

正しい検索キーワードシート

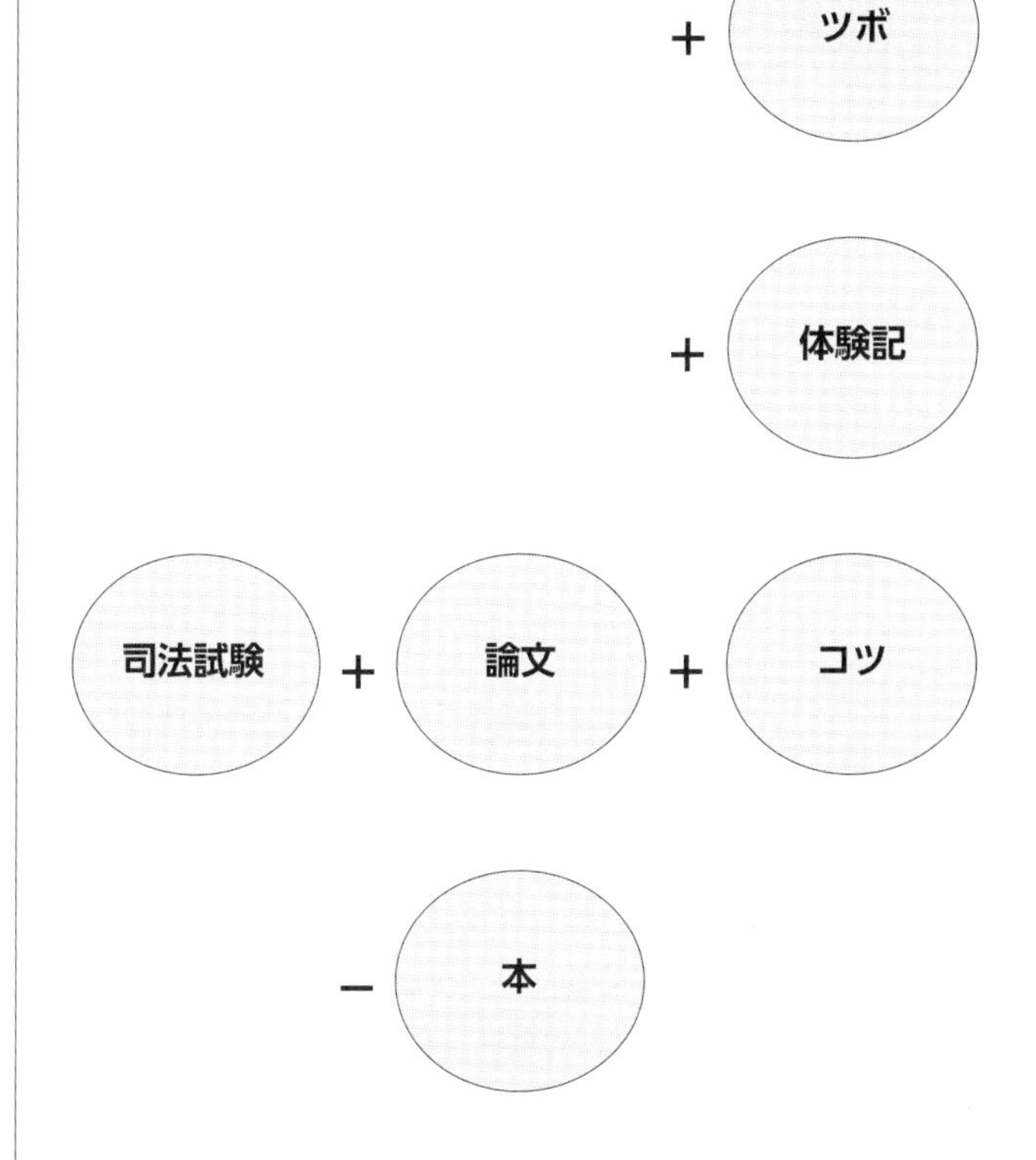

▶複数のキーワードを入れる
▶不要なキーワードは除外する
▶類似した言葉に入れ換えてみる

通常の検索サイトでもこうした情報は得られますが、研究成果や論文に絞って検索したいなら、「Google Scholar」(https://scholar.google.co.jp) という学術論文専門検索サイトを試してみてはいかがでしょう。検索結果のページでは、更新時期で絞り込む機能もあるので、最新の論文だけを検索することも可能です。

調べている分野に関する論文を見つけたら、それを書いた研究者の名前でさらに検索をかけると、芋づる式にほしい情報がヒットすることもあります。

昔なら図書館に足を運んで1日がかりで調べた情報も、いまはインターネットで瞬時に手に入ります。自宅で簡単に専門的な勉強ができるなんて、よい時代になったものです。

おわりに

無料でIQを調べてくれるウェブサイトを発見し、会社の部下たちと一緒にテストを受けてみたことがあります。

偉そうに勉強法の本を出版しようと思っているのだから、人よりよい成績でないと示しがつかないとちょっと不安に思いつつも、そこそこの結果は出るだろうと軽い気持ちでトライしてみました。

ところが算出された結果は、期待を大きく下回っていました。恥ずかしいのでこの場で数値は書きませんが、きわめて普通の、ごくごく平均的な成績だったのです。一緒に受けた部下たちのほうがよほどすごい数字をはじき出していて、ボスである私の面目は丸つぶれでした。

思えば、私は子どものころから本書のもととなる独自の勉強法を編み出していて、学校の授業などそっちのけで効率重視の勉強をしてきました。おかげで学校の成績は常にトップクラスでしたが、当時受けた知能テストの結果もやはり、ごく平均的なものでした。

結局、私は人より頭がいいわけではないのです。東大を出たとか、プロジェクトマネージャーとして成功したとか、起業したなどの理由で、私を「頭がいい」と思ってくださる人はたくさんいますが、残念ながらそうではないのです。

しかし、逆にいえば、私と同じ程度の成果はだれでも出せるということになります。私は極めて平均的な能力の持ち主なのですから、同じことをすれば同様の成果は必ず出せるのです。

そもそも、勉強や仕事で結果を出すことと、頭のよし悪しはあまり関係ないのかもしれません。それより大切なのは、頭の使い方です。

人間の頭脳は、常に目的に向かって作業をするようにできています。営業職の人たちも、数値目標があるからこそ、それを達成しようと努力したり工夫をするのであって、ゴールがなければ動けません。この本だって締切りがあるからなんとか書き上げることができたのであり、「いつでもいい」と言われれば一生かかってもできなかったと思います。

毎日の仕事や勉強でも、こうした目的や効率を意識するだけで、成果は大きくちがってくるはずです。

あなたが周囲の人とスキルの差を感じているとしたら、それは能力ではなく、ちょっとした要領やスタイルのちがいが大きな格差を生んでいるのかもしれません。どんな些細なことでも目標を定めて、それを達成するために効率よく勉強したり、仕事を進めていけば、あらゆる人に可能性は広がっています。

本書が読者の皆さんの隠れた能力を引き出すお手伝いになれば、こんなにうれしいことはありません。

三木雄信

PHP
Business Shinsho

三木雄信（みき・たけのぶ）

1972年、福岡県生まれ。東京大学経済学部経営学科卒。三菱地所㈱を経てソフトバンク㈱に入社。27歳で同社社長室長に就任。孫正義氏のもとで「ナスダック・ジャパン（現・新ジャスダック）市場開設」「日本債券信用銀行（現・あおぞら銀行）買収案件」「Yahoo! BB 事業」などにプロジェクトマネージャーとして関わる。

英会話は大の苦手だったが、ソフトバンク入社後に猛勉強。仕事に必要な英語だけを集中的に学習する独自のやり方で、「通訳なしで交渉ができるレベル」の英語をわずか1年でマスター。

2006年にジャパン・フラッグシップ・プロジェクト㈱を設立し、同社代表取締役社長に就任。同年、子会社のトライオン㈱を設立し、2013年に英会話スクール事業に進出。2015年には英語学習1年完全サポートプログラム『TORAIZ』（トライズ）を開始し、日本の英語教育を抜本的に変えていくことを目指している。

著書に、『孫社長のむちゃぶりをすべて解決してきた すごいPDCA』（ダイヤモンド社）、『すごい「数値化」仕事術』（PHP研究所）、『孫正義社長に学んだ「10倍速」目標達成術』『［新書版］海外経験ゼロでも仕事が忙しくても「英語は1年」でマスターできる』（ともにPHPビジネス新書）ほか多数。


本書は、2008年4月に日本実業出版社より刊行された作品を、全面的に改訂し、新書化したものです。

PHPビジネス新書 389

【新書版】A4一枚勉強法

最短最速で目標達成！

2018年1月8日　第1版第1刷発行

著　　　者　三　木　雄　信
発　行　者　後　藤　淳　一
発　行　所　株式会社ＰＨＰ研究所
東京本部　〒135-8137　江東区豊洲 5-6-52
第二制作部ビジネス課　☎03-3520-9619（編集）
普及部　☎03-3520-9630（販売）
京都本部　〒601-8411　京都市南区西九条北ノ内町11
PHP INTERFACE　https://www.php.co.jp/
装幀・図版　齋藤　稔（株式会社ジーラム）
組　　　版　有限会社エヴリ・シンク
印　刷　所　共同印刷株式会社
製　本　所　東京美術紙工協業組合

ISBN978-4-569-83759-8

「ＰＨＰビジネス新書」発刊にあたって

わからないことがあったら「インターネット」で何でも一発で調べられる時代。本という形でビジネスの知識を提供することに何の意味があるのか……その一つの答えとして「**血の通った実務書**」というコンセプトを提案させていただくのが本シリーズです。

経営知識やスキルといった、誰が語っても同じに思えるものでも、ビジネス界の第一線で活躍する人の語る言葉には、独特の迫力があります。そんな、「**現場を知る人が本音で語る**」知識を、ビジネスのあらゆる分野においてご提供していきたいと思っております。

本シリーズのシンボルマークは、理屈よりも実用性を重んじた古代ローマ人のイメージです。彼らが残した知識のように、本書の内容が永きにわたって皆様のビジネスのお役に立ち続けることを願っております。

二〇〇六年四月

ＰＨＰ研究所

PHPビジネス新書

アマゾンが描く2022年の世界

すべての業界を震撼させる「ベゾスの大戦略」

田中道昭　著

流通・小売りの巨人と呼ばれるアマゾンは、ビッグデータ時代にどこへ向かうのか。ジェフ・ベゾスの類い稀なる戦術・思想を読み解く。

定価　本体九一〇円（税別）

PHPビジネス新書

孫正義社長に学んだ「10倍速」目標達成術

［新書版］夢を「10倍速」で実現する方法

三木雄信 著

ソフトバンク社長室長として長年孫正義氏と間近で接した著者が、自らも実践して成功を収めた「孫正義流・スピード目標達成術」を開陳。

定価 本体八七〇円（税別）